1 MONTH OF
FREE
READING

at
www.ForgottenBooks.com

By purchasing this book you are eligible for one month membership to ForgottenBooks.com, giving you unlimited access to our entire collection of over 1,000,000 titles via our web site and mobile apps.

To claim your free month visit:
www.forgottenbooks.com/free324262

ISBN 978-0-666-37577-3
PIBN 10324262

This book is a reproduction of an important historical work. Forgotten Books uses
state-of-the-art technology to digitally reconstruct the work, preserving the original format
whilst repairing imperfections present in the aged copy. In rare cases, an imperfection in
the original, such as a blemish or missing page, may be replicated in our edition. We do,
however, repair the vast majority of imperfections successfully; any imperfections that
remain are intentionally left to preserve the state of such historical works.

Grundriss

der

lateinischen Declination.

Rec. v. Kolbe in Ztg 1868 p. 32

Von

Franz Bücheler.

Leipzig,

Druck und Verlag von B. G. Teubner.

1866.

N° 1315

11989

10

An Professor Fleckeisen in Dresden.

In Tagen wo zu eingehenderen Arbeiten die nötige Sammlung fehlte, glaubte ich mich nützlich zu machen, wenn ich für ein Capitel der lateinischen Grammatik die aus den Inschriften und der älteren Litteratur gewonnenen Ergebnisse in summarischer Uebersicht zusammenstellte. Obgleich ich hiernach zuvörderst Lehrer und jüngere Philologen im Auge hatte, welche diese Studien selbst zu verfolgen ausser Stande sind, so hegte ich doch gar sehr den Wunsch dass auch Männer wie Du, lieber Freund, und mein einstiger Führer auf diesem Wege, Ritschl, die Blätter lesbar und das wenige Neue richtig finden möchten. Dass ich bei der Auswahl von Beispielen mich vornehmlich an Plautus gehalten habe, wirst Du bei dessen sprachgeschichtlicher Bedeutung gewis billigen, auch wenn wir hinsichtlich der Benutzung dieser Quelle nicht immer übereinstimmen sollten. Das gelehrte Sammelwerk F. Neue's (lat. Formenlehre, erster Theil) war, als ich dies ausarbeitete, noch nicht erschienen. Haec volebam nescius ne esses. vale.

Greifswald im September 1866.

Dein Freund.

Vorbemerkungen.

Die lateinische Sprache decliniert ihre Nomina und Pronomina durch den Antritt gewisser Suffixe, Casusendungen, an den Stamm, die Grundform, wobei der Stamm mit den Suffixen zu éinem Worte verschmolzen wird. Da die Suffixe durchweg die gleichen sind und die Manigfaltigkeit der Declination auf der Verschiedenheit der mit den Suffixen zusammengewachsenen Stämme beruht, so muss jede wissenschaftliche Uebersicht der Declination von den Stämmen ausgehen.

Vergleicht man die Nominative *penus* und *penum* (älter *penos* und *penom*), die Genetive *penūs* und *penoris*, so ersieht man wie die Sprache von der Wurzel *pen* durch Anlehnung an das Gebiet des Vocals *o* oder *u* oder Weiterbildung mit *or* (älter *os*) die im Gebrauch nicht unterschiedenen Nominalstämme *peno penu penos* abgeleitet hat. *itineris* neben dem seltneren *iteris*, *femine* neben *femur* (Plaut. glor. 203. 204), *pecui pecudi pecori* reichen aus den ursprünglichen Reichtum der Sprache in Ausbildung von Wurzeln zu Nominalstämmen zu veranschaulichen. In der historischen Periode der lateinischen Sprache tritt bisweilen eine Art von Rückbildung ein, indem vocalische Grundformen abgeschliffen und durch consonantische ersetzt werden: über den Stamm *ossu* (Nom. Plur. *ossua*) erhält *os* (statt *oss*, da das Latein Doppelung des Consonanten im Auslaut nicht erträgt, Nom. Pl. *ossa*) das Uebergewicht; augusteisches *innocua* wird im Volksmunde verkürzt zu *innoca* (Fabretti inscr. 252, 39) und weiter zu *innoc-s*, das ist *innox*, der gewöhnlichen Schreibung auf christlichen Inscriften. Häufig ist diese Erscheinung bei *e*- und *i*-Stämmen, weil *e* und *i* als die leichtesten Vocale am ersten abfielen. *plebes plebei* und *plebes plebis* folgen der *e*- und *i*-Declination, in *plebs* endet die Grundform consonantisch. *merces* bedeutet 'die Waare' noch bei Petronius *sat.* 14 gleich *mercis*, *merx* und mit ausgestossenem Guttural (wie in *sescenti*) *mers*. Denselben Uebergang zeigen *stirpes stirpis stirps*, *Opis Ops*, *scrobis scrobs*; namentlich das Wortbildungssuffix *ti* hat den Vocal regelmässig eingebüsst, die plautinischen Formen *Sarsinatis infumatis quoiatis* werden in *Sarsina(t)s infumas quoias* gewandelt, *partis lentis sortis* in *pars lens sors*; die Haltlosigkeit des Vocals in jenem Suffix erklärt, warum so viele Nomina, deren Accusative vorliegen wie Pl. *Bacch.* 497 *ad fatim Mnesilocei curast*, von der Sprache nicht ausgebildet sind. Durch diese Wandelungen ward jene Vermischung von *i*-Stämmen und consonantischen angebahnt, welche in der Flexion beider herscht und die verschiedene Ausprägung desselben Casus herbeiführt: *mensium* ist von der Grundform *mensi* abgeleitet, *mensum* wie von *mens* das griechischem μήν und μείς näher kommt. Im übrigen aber bleibt bei Declination des Nomen Regel, dass die nach den Casus wechselnden Suffixe an die gleiche Stammform angesetzt werden. Ausnahmen, wie wenn der Nominativ gegen andere Casus einen volleren Stamm zeigt in *senex*, das übrigens in der Aussprache des 6n Jahrhunderts d. St. nicht schwerer wog als *senes* oder *sens*, einen kürzeren in *supellex*, bestätigen nur die Regel.

Die Nominalstämme lauten consonantisch oder vocalisch aus; diphthongische Grundformen kennt das alte Latein nicht: griech. ναῦς lat. *navis*, gr. βοῦς lat. *bovis* (Petron *sat.* 62) oder *bos* aus *bovs*, gr. Ἀχιλλεύς Θηςεύς lat. *Aciles Teses*, da vor Ennius Consonanten nicht gedoppelt, vor Sulla Mutae nicht aspiriert wurden, C. I. L. 1 n. 1500 und 1501, später nach den griechischen Formen *Achilleus* mit gesonderten Vocalen (viersilbiger Genetiv *Achillei* bei Horaz, Dativ *Achilleo* bei Mommsen inscr. Neap. 1585), wiewohl sie bei den neoterischen Dichtern meist der Synizesis unterliegen. Die consonantische Declination, gewöhnlich als die dritte gezählt, umfasst die manigfachsten Stämme. An sie schliessen sich zunächst die halbconsonantischen Vocale *i*, der dritten Declination zugerechnet, und *u*, die vierte. Daneben steht die *a*-Reihe, von Anfang an im Latein gespalten in die Vocale *a*, *e* und *o*: so ergibt sich eine *a*-Declination, die erste, eine *e*-Declination, die fünfte, eine wenig umfangreiche Spielart der ersten, wie im Griechischen beide zusammenfliessen, eine *o*-Declination, die' zweite. Die Pronomina weisen mehrere den verwandten Sprachen grossentheils gemeinsame Abweichungen von der Nominaldeclination auf, das persönliche Pronomen durch den in der Natur der Sache begründeten Wechsel des Stammes (*ego nos*, ich wir), die geschlechtigen Pronomina durch die Aufnahme neuer Suffixe (Neutrum Sing. *quod*, Plur. *quae*).

Das Latein unterscheidet Einzahl und Mehrzahl. Der numerus dualis, im gemeinen Griechisch mehr und mehr eingeschränkt, im Aeolischen und in den italischen Dialekten verloren, begegnet nur noch in *duo* und *ambo* Nom. Acc. Masc. Neutr. (δύω ἄμφω): das Femininum und die andern Casus werden pluralisch flectiert; die pluralische Flexion setzte sich auch beim Acc. Masc. in der Schriftsprache fest (auf republicanischen Inschriften nur *duos* C. I. L. 1, 572 und 1007, bei den ältesten Dichtern *duos* und *ambos* mindestens gleich häufig wie *duo* und *ambo*), und galt das Neutrum *dua* auch als Barbarismus (Quintil. 1, 5, 14), so lebte es doch im Volksmund (*columbaria dua* Gori inscr. Etr. 1, 412, 242; *tribunalia dua* Muratori tres. inscr. 1986, 7; Fabretti 14, 63) und ward zur Verfallzeit auch litterarisch aufgenommen (*post dua lustra* Orestis trag. 26); *dua pondo*, was auch strenge Kritiker zuliessen, fällt in den Bereich des Ablativs. Der Pluralis wird vom Singularis theils durch besondere Suffixe theils durch Vermehrung des Singular-Suffixes mit *s* unterschieden.

Sieht man auf den Abfall und die Verschleifung schwach betonter
Endungen, auf die dadurch erfolgte Aehnlichkeit und Vermengung der
Casusformen, wie sie bald dargelegt werden soll, so nimmt es Wunder
dass die Schriftsprache noch sieben Singular-Casus mehr oder weniger
ausgebildet zeigt: den Nominativ, Vocativ, Accusativ, Genetiv, Ablativ,
Dativ und Locativ. Der Vocativ wird traditionell den Casus zugezählt,
obgleich er weder äusserlich durch ein eigenes Suffix wie die übrigen
Casus ausgezeichnet ist, noch das im Vocativ stehende Nomen, wie der
Name Casus besagt, einem festen Zwange des Satzgefüges unterliegt,
sondern loser und einer Interjection vergleichbar der Rede angereiht
wird, wofür auch die Metrik der lateinischen Bühnendichter noch Zeugnis ablegen kann. Den Vocativ hat das Latein von allen Casus am wenig-
sten ausgebildet, ihn ersetzt meist der Nominativ, bei ungeschlechtigen
Wörtern immer. Auch der Locativ ist nur fragmentarisch erhalten, weil
er früh mit gleichlautenden Casusformen verwirrt ward. Die Stelle des
Instrumentalis verwandter Sprachen versieht im Latein, so weit dessen
Geschichte hinauf reicht, der Ablativ. Im Plural sind überall weniger
Casus als im Singular entwickelt worden; wie viel geringer ist bei Plautus die Zahl der Plural- als der Singularformen von Nomina! Das Latein
hat vier Plural-Casus: den Nominativ der zugleich als Vocativ fungiert,
den Accusativ, den Genetiv und den Dativ der zugleich den Ablativ und
Locativ vertritt.

Das Latein theilt die Wörter in geschlechtige und ungeschlechtige,
die geschlechtigen in männliche und weibliche. Obschon die Anwendung
des Genusbegriffes auf die Wörter so alt wie Adam und Eva ist und
manche Dinge ausschliesslich als Masculinum, Femininum oder Neutrum
gedacht sind, so finden doch viele Abweichungen des Latein von anderen
Sprachen statt (die Kraft des Weins z. B. respectiert der Römer weniger
als der Grieche oder Deutsche) und viele Schwankungen innerhalb des
Lateins selbst (*vinus mihi in cerebrum abiit* denkt der Bauer), zumal in
der archaischen und Vulgärsprache, welche beide ja getreulich alle Wege
zusammen gehen (vgl. *ramenta* und *ramentum* Pl. *Bacch.* 513 und 680
wie *caementa* C. I. L. 1 n. 577 und *caementum, terminus* und *termina*
duo im Schiedsspruch der Minucier, *porticus* und *hasta* als Masculina I. R.
N. 244 und 383, *titulum* als Neutrum Fabr. 8, 47, *eum sepulcrum* und
hunc munimentum Gruter 940, 7 und 1133, 3; Jahn spec. epigr. p. 85).
Nominalstämme, welche wir gewohnt sind nach der späteren Sprachent-
wicklung einem einzigen Genus zuzutheilen wie *victor station lumen*,
sind nicht von Ursprung an männlich, weiblich oder ungeschlechtig, wie
haec balneator hic optio hic flamen beweisen. Indem sich aber allmäh-
lich für ein bestimmtes Genus bestimmte Wortbildungs- und Stammformen
festsetzten, gewann die Sprache eine Art lautlichen Hilfsmittels um die
Genera zu scheiden, sie räumte sogar dem lautlichen Elemente bisweilen
den Vorrang vor dem logischen ein wie in *Corinto deleto* der Mummius-
Inschrift, wo das grammatische Geschlecht der meisten o-Stämme das
natürliche Geschlecht der Städtenamen zurückgedrängt hat.

Abgeseıen von der Genusunterscheidung durcı den Auslaut des
Stammes macıt sicı auch innerıalb der Declination eine solcıe durcı
die Aufnaıme oder Veränderung gewisser Casus-Suffixe bemerklicı. Hier-
hier geıört die uralte Sonderung der ungeschlechtigen Wörter von den
geschlechtigen im Nominativ. Im Singular benutzen jene dafür, wäırend
die geschlechtigen das Zeicıen *s* anneımen in *mon(t)s pe(d)s tristis*,
fructus, den nackten Stamm in *caput cor* (für *cord*) *triste* (gleicı *tristi*)
cornu, und ersetzen bei den *a*-Stämmen den Nominativ durcı den Accusativ des Masculinum in *novom donum*, offenbar iu dem Sinne dass iınen
die volle Kraft eines Subjectes feılt, nur die Wirkung eines Objectes zukommt; denn die Casusschöpfung ist nicıt das Product einer in den Kreis
sinnlicıer Anscıauung gebannten Kinderzeit, sondern setzt das Denkver-
mögen rein begrifflicıer Verıältnisse mit Notwendigkeit voraus. Bei
den Pronomina erscıeint im Neutrum das Suffix *d* (*id* neben *is*, *aliud* neben *alius*), welcıes in der Flexion sonst ablativ isch fungiert. Nur bei den
sog. Adjectiva immobilia ist das *s* des geschlechtigen Nominativs auch
beim Neutrum aufgenommen: *dives* steıt als Neutrum anstatt *divit*, was
die Spracıe nie gebildet, oder, da jenen Adjectiven meist vollere Formen
auf *i* zu Grunde liegen, anstatt *divite* und contrahiert *dite*, was die Sprache nicıt begünstigt hat. Den Plural Nom. Acc. bilden alle Neutra mit
dem Suffix *a*, *capita tristia cornua dona ea*.

Jünger zwar aber gräcoitalisches Gemeingut ist bei den sog. Adjectiveu
auf *us a um* die Unterscıeidung des Masculinum und Neutrum vom Femininum durcı den Ablaut des *a* zu *o*: ursprünglicıer Stamm *nava* oıne
Genusbezeichnung, lateiniscı Masc. Neutr. *novos novom* (griech. νέος
νέον) Fem. *nova* (gr. νέα), in Uebereinstimmung damit dass bei der
Spaltung der *a*-Stämme die Meırzaıl der *a*-Formen weiblicı, der *o*-For-
men männlicı fixiert ward. Das Cıarakteristiscıe, dass dem weiblicıen
Genus die ältere Form bleibt — *facilius enim mulieres incorruptam
antiquitatem conservant* bemerkt scıon Cicero *de orat.* 3 § 45 von sprach-
licıen Dıngen — wiederıolt sicı bei den Adjectiven deren Stamm im Auslaut *r* vor *i* hat: Fem. *celeris equestris salubris*, Masc. *celer equester
saluber*, indem nach Abfall der Endung *is* der Hilfsvocal *e* eingescıoben
wird. Diese Sonderung identiscıer Formen ist seır jung, den ältesten
Litteratoren nicıt bekannt (Ennius sagte *somnus acris* und *acer hiemps*),
nie vollkommen durcıgefüırt (*volucer Fama* und *silvester aedon* ein
Dicıter der neronischen Zeit). Wenig älter ist die Unterscıeidung eines
Masc. *maior* und Neutr. *maius*: nocı im 5n Jaırıundert lauteten beide
maiōs, denn die aus der Grundform des Comparativsuffixes folgende Länge
wird aucı für das Neutrum erwiesen durcı Plautus Iamben *Men.* 327
proin tú ne quo abeas longiús ab aedibus oder Kretiker *most.* 326 *né
prius in via*; etwa seit 420 trat *maior* neben *maios*, etwa seit 500 sank
maios zu *maius*, und die verscıiedenen Formen setzten sicı in den verscıiedenen Genera fest, nacıdem die ältesten Autoren noch *prior bellum*
gescırieben; zur Kürzung der Endsilbe neigte das Latein ıier wie überall
früı, am ersten ward sie beim Neutrum vollzogen.

Nominativ des Singularis.

Die belebten Genera nехmen das Suffix *s* an. Bei den consonantischen Stämmen sind gewisse Veränderungen durch die allgemeinen Laut-
gesetze geboten oder zugelassen. *a*) Gutturalstämme. Aus *voc-s* und
leg-s wird *vox* und *lex.* Neben *coniux* steht *coniunx* Gen. *coniugis*;
weil der Sibilant in der Aussprache vorwog, schrieb man *coniunxs*; das
Vulgärlatein verdrängte den Guttural ganz in *coius* (Fair. 341, 522),
schon unter den ersten Kaisern iu *felatris* (Ritschl P. L. M. Taf.
16, 9), *cals* forderten Grammatiker in der Bedeutung 'Kalk', alt scheint *mers*
(Ritschl rh. Mus. 10, 453). *merx* zeigt kürzere Grundform neben *merces*,
Pollux neben *Polluces* (Plaut.) *Poloces* (Inschr.). In *nix* für *nigvs* ist *v*
ausgestossen, im Genetiv *nivis* der Keïllaut; eine vollere Bildung war
ninguis. In *iudex* Gen. *iudicis*, wo *i* stammhaft, trat Umlaut ein der
geschlossenen Silbe halber, ähnlich ward in *remex artifex* Gen. *remigis*
artificis stammhaftes *a* nur bis zu *e* geschwächt. Neutrum *halec* ohne *s*,
dasselbe Nomen als Femininum *halex; atriplex* gilt wie *simplex felix*
ferox audax auch als Neutrum; in den plautinischen Anapästen *nam*
dúplex hodié facinús feci unterscheidet sich *duplex* prosodisch nicht
von *duplec* oder *duplice.* *b*) Labialstämme, wo *s* an den Stamm tritt:
stirps und *urbs*, der Assimilation halber auch *urps* geschrieben. Es sind
meist verkürzte Grundformen wie *trabs* aus *trabes trabis*, *anceps* aus
ancipes (Plaut.) St. *ancipit*; die Inschriften vor Augustus kennen nur
plebes. In *anceps* und *princeps* ist stammhaftes *a* zu *e* geschwächt, im
Gen. *aucupis* und *principis* zu *u* und *i.* Neutrum *volup*, verstümmelt aus
volupe wie *difficul* aus *difficule*, daher handschriftliches *volupest* bei
Plautus nicht in *volup est* aufgelöst werden darf. *c*) Dentalstämme, wo
t und *d* vor *s* schwindet: *lis seges lapis fraus* St. *lit seget lapid fraud.*
Ersatzdehnung, einst wohl Regel für diese Bildung, behauptet sich bei
einsilbigen Wörtern, *pēs vās* St. *pĕd vĭd*, und wo *i* der Endung *es* vor-
aufgeht, *abiēs pariēs* St. *abièt parièt.* Vollere Grundform zeigt *Quiritis*
Ardeatis neben *Quiris Ardeas*, kürzere Ablative *quie lapi* neben *quiete*
lapide. Aus *noct-s* wird *nox*, aus *amant-s legent-s amans legens.* Bei
der Lautverbindung *ns* wird der vorhergehende Vocal stets verlängert und
der Nasal leicht verflüchtigt; im alten und vulgären Latein sinkt *frons*
St. *frond* zu *fros frus*, *praegnans infans Clemens sapiens* zu *praegnas*
infas Clemes sapies; dafür dass das classische Latein durchweg den Nasal wahrte, zeugen inschriftliche und handschriftliche Formen wie *Atha-*
mans Atlans Dymans Pallans trotz des griech. Ἀθάμας. Wir finden
C. I. L. 1 elog. 20 *indigens* von anderer Grundform als *indigenus*, von
vollerer als *indiges* Gen. *indigĕtis*, vgl. *Campanus Campans Campas*
(Plaut. *trin.* 545); die Mittelform *indigēs* ist nicht mehr nachweisbar.
Wie weit einst die Verstümmelung gieng, beweist am besten das uralte
libs und *lubs* C. I. L. 1 n. 182 und 183, zunächst aus *lubes* wie *plebs*
aus *plebes*, dann aus *lubens.* Für *virtust*, wie Ritschl in Plautus *Persa*
268 statt *virtus est* schreibt, also Schwund des *s* mit dem Stammesauslaut,
vermisse ich sichere Belege. In *pedes ales* St. *ped-it al-it* ist das *i* der

Wurzel beim Antritt des *s* zu *e* umgelautet; rustican ist *milis* (Fabr.
133, 81) wie *milex* (Fair. 137, 127). Altes *a*, gewairt in *vas*, ist gesciwäcit in *praes* aus *praeves* Plur. *praevides*; von *anas* begegnet Plur.
anites (Brix zu Pl. *capt.* 999). Grieciiscie Dentalstämme werden im
älteren Latein oft anders geformt: Ἀντιφῶν Acc. Ἀντιφῶντα lateiniscι
Antipho Antiphonem, Κάλχας Gen. Κάλχαντος lateiniscι Abl. *Calcha*
(Plaut. *Men.* 748); das Volk flectiert *Philema Philemae* und Plautus
scirieb *Pseud.* 146. *peristromae*, nicit *peristromáta*; den Acc. Plur.
lampadas bei Terenz *ad.* 907 wird kein sacιverständiger auf λαμπάδας
zurückführen und *lampadis ardentibus* bei Plautus *Men.* 842 änderte
eine jüngere Zeit in *lampadibus*. Neutra *caput*, in dessen Flexion *u* in *i*
übergeιt, *cor* statt *cord*, *lac* obwoιl Varro die volle Stammform *lact*
scirieb gegen das lateiniscie Auslautgesetz und andere mit Erweiterung
zum *i*-Stamme *lacte* braucιten. Auch *os* Gen. *ossis* geιört ιierιer, da der
Stamm *oss* durcι Assimilation aus *ost* hervorgieng, griech. ὀст-οῦν. Wie
das Neutrum kurz bleibt, so auch das geschlechtige *exos* (Lucrez 3, 719),
woneben meιrere *exossis* sagten und Plautus, wenn ich nicιt irre, *Stich.*
392 *Hércules, qui deossis sane discessisti non bene.* *d)* Nasalstämme.
Auf *m* endigt bloss St. *hiem*, Nom. *hiemps* im Bauernkalender C. I. L. 1
p. 359 und in guten Handscιriften mit eupιoniscιem Einschub des *p* wie
in *sumpsi*. Bei der Abneigung welcιe das älteste Latein wie das Griechische gegen *ns* zeigt und bei der regelmässigen Zerstörung dieser Lautverbindung ιängt es den *n*-Stämmen kein *s* an: das vereinzelte *sanguis*
aus *sanguins sanguens*, wo die Deιnung der Endsilbe erst von Vergil
und Horaz und von iιren Nacιfolgern nicιt immer vernacιlässigt ward
(Lacιmann zu Lucr. p. 59), scιeint jüngere Bildung neben Neutr. *sanguen*,
woraus mittelalterlicιe Abscιreiber *sanguem* macιten. Selbst der stammι-
hafte Nasal fällt meist ab, in *termo praedo margo natio Cicero*, dcsglei-
cιen iιι *Apollo Agamemno*. Das lange *o* wird bald gekürzt, aιn ersten
in iambischen Wörtern wie *homo*, in kretiscιen wie *Polli*o nicιt vor dem
Ende der Republik. Aehnlich im Inlaut: bei dcn ältesten Acc. *homōnem*
hemōṇem, seit Ennius *hómŏnem hómĭnem*; C. I. L. 1 n. 187 Gen. *Apo-*
lones, n. 167 Dat. *Apolenei*, n. 562 *Apolinei*, Frontos Zeitgenossen er-
neuerten die Flexion mit o; in *caro* Gen. *carnis* ward der Vοcal ganz
ausgestossen. Der Nominativ waιrt den Nasal bei wenigen geschlechtigen
Wörterιι wie *tibicĕn* Gen. *ibicinis* Wurzel *can*, aber regelmässig bei den
Neutra wie *germen nomen*, womit weitergebildete Nomina wie *incre-*
mentum cognomenlum, grieciιscιe Stämme wie ὀνοματ zu vergleicιen
sind. Verscιiedene Fortbιldungen von Nasalstämmen liegen in den Nom.
coepulonus (Plaut.) *carnis* (nocι bei Livius 37, 3) *canes* (z. B. Ennius
ann. 518) *senex* vor. *e)* Liquidastämme deren *l* und *r* kein *s* ιinzu-
nimmt, *sol praesul mater doclor*, weil die Liquidae folgendes *s* sicι an-
zugleichen vermögen (vgl. *velle ferre* statt *velse ferse*), sodass die Länge
in *sāl* St. *săl* und *pūr* St. *pŭr* aus *sall* griech. ἅλς zu erklären. Auch
für *patēr* sucι Fleckeisen (Jahns Jahrb. 61, 32) einstige Ersatzdeιnung
nacιzuweiseιι wie im Griecιiscιen πατήρ St. πατερ; den Vocal e waιrte
die älteste Spracιe iιι der Flexion *Opiteris Maspiteris Diespiteris*

(Priscian 6 § 39), während die litterarische Periode ihn überall auswarf. Die plautinische Metrik, in der wir so oft verschiedene Formen neben einander anerkennen müssen, die einen im Untergang die andern im Aufgang begriffen, als kraft des Riytimus der Sprachkörper so gewaltig umgestaltet ward wie nie wieder bis zur Zersetzung des Lateins durci neue weltgescicitlicie Elemente — jene Metrik fordert an vielen Stellen einsilbigen Nom. *patr*, entspreciend den andern Casus *putrem patris*, und *patr* steit gescirieben C. I. L. 1 n. 130, noci verstümmelter *Diesptr* n. 1500. Verflüchtigung des stammhaften *r* und Ausspracie wie *pate* ist weit weniger wairscieinlici. Auch die Verkürzung von *soror* in Anapästen wie *soror suo éx animo* (*Stich.* 3) dürfte nicit naci Analogie von *maio* aus *maios* sondern von *sobrinus* aus *sorrinus* zu beurteilen sein. Die alte Länge des Nom. *orator* wie Gen. *oratōris* zeigen plautinische Kretiker wie *magister mihi exercitór animus nunc est* und die Apices einer augusteiscien Inscirift *grammaticus léctórque fui*. Neutra *mel fel* St. *mell fell*, *ver* gr. ἦρ, *spinter* gr. ὁ ϲφιγκτήρ, *far* St. *farr*. Die Grundformen weciseln in *mugil* und *mugilis*, *voltur volturus* (Enn. *ann.* 141) *volturius*. *f)* *s*-Stämme die im Auslaut kein *s* meir anneimen können: *mas honos Venos* (Inschr.) *mus glis*; Neutra *ais ious opos* (Inschr. u. Pl. *Stich.* 573) *corpus*. Wie *s* in der Flexion im Inlaut immer in *r* übergeit, Gen. *maris corporis*, mit Ausnaime von *vas* Gen. *vasis*, so wechselt es auch im Auslaut mit *r* seit dem 5n Jairiundert in vielen Formen. Durch Variation des alten *lepos* wird *lepor* Gen. *lepōris* von *lepus* Gen. *lepŏris* unterscieden; ebenso meist ungeschlechtige Bildungen von geschlechtigen wie *maior* und *maius*, *decor* Gen. *decōris* und *decus* Gen. *decŏris*, obwoil Neutr. *robor robur* sici eriielt und die alten Grammatiker am Ende ganz ricitig bei Plautus *merc.* 660 *nec calor nec frigus metuo* verbanden, also Neutr. *calor* anerkannten. Ausser einsilbigen Wörtern wie *flos* und *mos* und ausser *arbos* wurde über das 6e Jairhundert iinaus die Endung *os* nur in wenigen Wörtern mit kurzer Stammsilbe wie *colos odos labos* von Dicitern iambischer Messung wegen beibeialten (Lacimann zu Lucr. p. 424). Durch Veränderlichkeit des *s* und durch Sciwäciung des *o* entwickeln sici die manigfachen Formen in der Flexion, theilweise auci im Nominativ der Stämme auf *os*: Neutr. Plur. *augura* (Attius *trag.* 624) *verbera*, Locat. Sing. *tempori* und *temperi*, Nom. Sing. *vetus* und *veter*, *vomer* und *vomis*. Für geschlechtige Wörter lässt sici ursprünglicie Länge der Endung voraussetzen: *arbōs* Gen. *arbŏris*, *Cerēs* Gen. *Cerĕris*, *pulvīs* Gen. *pulveris* aber daneben *pulvĭs*, *clamōr* Ennius dreimal, wie *clamūris*. Aber Kürzung drang früh durci sogar beim Comparativsuffix, *minŏr éa* Pl. *glor.* 1294 neben *stultiŏr es Bacch.* 123. Auf pränestinischen Grabsciriften die bis ins 6e Jahrh. zurückreicien steien meirmals Nominative wie *mino Coponia* und *maio Orcevia* (vgl. Hübners Index zum C. I. L. 1 p. 609) mit Sciwund des stammhaften *s*. Damit läuft die plautinische Messung *colŏr vérus* im Wesen auf eins iinaus, sie bleibt aber auf die freieren Riytimen bescïränkt, wo metriseier Zwang zur Anwendung vieler sonst erlosciener Altertümlichkeiten füirte. Das Adjectivum *vetus*, oine Spur einer Ersatzdehnung, erscieint

wie die Neutra geschwächt: *vétu puer* im Versschluss Pl. *merc.* 976.
Denn die Neutra werfen das den Stamm scıliessende *s* gemäss lautlicıer
Neigung des Lateins bis zu Ende des 7n Jaırıunderts beliebig ab: *scélus
viri* päonisch, *tempus est* oder *tempust* aus *tempu est* drei - oder zweisilbig bei den Scenikern, *sátiu sit* im letzten Versfuss bei Terenz *hec.*730.
necesus wie *opus* im Senatsbescıluss über Baccıanalien und neben der
o-Form *necessum* bei Plautus; *necessu* geben die Bücıer des Lucrez
(Lacımann p. 397); das von Donat gelesene *necessis* bildet den Uebergang zu *necesse*, wie in der Conjugation *utarus utaris utare* oder *minus
magis mage*; *necesses* und überıaupt Bildungen auf *ès* bei diesen Stämmen widerstrebten, wie aus vielem ersicıtlich, der Tecınik des Auslautes;
wenn neben *pubis* und *puber* Probus eine Form *pubes* billigte, so war
ıier die letzte Silbe oıne Zweifel lang.

Die *i*-Stämme neımen *s* an: *piscis avis sitis vis similis.* Einige
ıaben die Endung *es* wie *vates vepres*, in classischer Zeit fast nur bei
weiblicıen Bildungen und zum Tıeil durcı *is* ersetzt, *canēs canìs, aedes
aedis, feles felis, volpes volpis* (Scıneider Formenleıre p. 468); wenige
scılagen geradezu in die Declination der weiblicıen *e*-Stämme über wie
plebes Gen. *plebei, fames* Abl. *famē*; auch wo das classische Latein *es*
waırte, setzt das vulgäre *is* an die Stelle, *sedis luis cladis*, wie in den
analog beıandelten griecıiscıen Nomina *Diopithis Callisthnis*; umgekeırt *es* für *is* z. B. *omines locus* (Orelli 6085) für *omnis.* Der Wecısel
des *i* und *e* scıeint sicı im 5n Jaırıundert vıel weiter erstreckt zu ıabęn;
L. Cornelio L. f, Scipio aidiles cosol cesor C. I. L. 1 n. 31 Grabscırift
des Consuls vom J. 495, waırend die etwas jüngeren metriscıen Epitaphia
aidilis bieten. Das scıwacı tönende *s* wird unterdrückt, also Nom. *tribunos militare* C. I. L. 1 n. 63 u. 64, genau so wie die das *s* nicıt
anneımenden Neutralstämme lauten, *rete leve.* Zwiscıen *ēs* und *ìs* steıt
eis, ìs: im hexametrischen Orakel C. I. L. 1 n. 1446 *hóstìs incertus*, bei
Horaz *carm.* 1, 15, 36 überliefert *ignìs Iliacas domos*, öfter in Plebejer-
Versen; in der Grabscırift des Mimen Protogenes C. I. L. 1 n. 1297
aus dem 6n Jaırıundert *suavei heicei situst mimus* zweifellos für *suaveis*;
statt des Pronomen *is* alt *eis* und *eisdem.* Dem *militare* entsprıcıt was
Nonius für Nävius *com.* 60 und andere bezeugt *pol haùt parasitorum
aliorum simile est homo*, inscıriftlicı *compote factus* Or. 5758 für
compotis compos. Durch Verscımelzung des Stammes mit enklitiscıem
est kann *similist* werden aus *simili est* wie *mercist* Pl. *Pseud.* 954 aus
merci est, äınlicı *potisit* im SC. Bac. woraus *possit* entstand; für sicı
kann das Wort nacı Scıwund des *s* nur *simile* oder *simil* auslauten. So
fällt dıe ganze Endsilbe ab nacı *l, is ager vectigal nei siet* im genueser
Scıiedsspruch wie *vigilis vigil*, öfter nacı *r, celer* aus *celeris* und mit
Einscıub eines *e imber* aus *imbris, October pedester.* Aucı die Neutra
werfen die stommhafte Endung ab, *capital* aus der Gesetzesspracıe lange
fortgepflanzt, *difficul* nocı bei Varro, und diese Form setzte sicı für
substantivierte Adjectiva fest, *Bacanal animal calcar exemplar* mit Kürzung des *a*; Lucrez 2, 124 gibt nocı das volle *exemplare.* Die Endung
sinapi ist fremdländiscı wie *gummi*, lateiniscı *sinape* und Fem. *senapis.*

An die *u*-Stämme tritt *s* in *arcus fructus anus quercus* usw. Alt und durchgreifend ist der Wechsel von *o*- und *u*-Stämmen: Nom. *macistratos maximos* auf der Duellius-Inschrift ist wohl kein Irrtum der Antiquare sóndern Metaplasmus wie im Kalender des Philocalus 31 Dec. *magistrati iurant*, wie Gen. *senati* und *senatus*, Abl. *scito* und *scitu*, Plur. *fasti* und *fastus*. Das Schluss-*s* wurde abgeworfen, *domu* oder *usust* für *usus est*. Neutra *cornu veru* mit auffälliger Länge des Auslauts, welche einige Grammatiker fälschlich leugneten; daneben meist männliche Bildungen wie *cornus tonitrus gelus* oder ungeschlechtige anderer Art wie *verum* und *genus*.

Die *a*-Stämme im Latein haben das *s* völlig verloren, auch die männlichen *scriba pansa* wie homerisch νεφεληγερέτα Ζεύς; übrigens sind die männlichen in der Mehrheit, abgesehen von Lehnwörtern wie *nauta poeta*, Composita adjectivischer Art, *incola bucaeda legirupa*, welche auf jüngerer Sprachstufe durch die *o*-Form von den weiblichen unterschieden wurden: *Graiugena*, aber *privignus* aus *privigenus* (africanische Inschr. bei Renier n. 1699), *Asiagenus*. Auch die griechischen Masculina auf ας, ης werden römisch auf *a* gebildet: Φιντίας *Pintia*, Χαιρέας *Chaerea*, *satrapa herma*. Beachtung verdient wie das ganze atellanenhafte Gedicht so die mit dem Oskischen genau stimmende Form *Santia* griech. Ξανθίας im poema de Amphitryone et Alcmena bei Mai class. auct. 5 p. 470 v. 213. *Protagora* sagt der Archaist Appulejus. Die Länge des *a* ist wenigstens für die griechischen Namen durch sichere Beispiele erwiesen: *Aeacidā* Ennius ann. 186 wo der Nominativ für den Vocativ fungiert, *Sosiā* bei Plautus (Fleckeisen krit. Miscellen p. 22). Dagegen *ulmitribŭ tu* Pl. *Persa* 278. Die weiblichen *a*-Stämme endigen auf langen Vocal bis zu Ende des 6n Jahrhunderts: *quoiei vitā defecit, non honos, honore(m)* oder *quoiús formā virtutei párisuma fuit* die Saturnier der Scipioneninschrift, *et densis aquilā pinnis obnixā volabat* Ennius; in freieren Maassen wie Kretiker und Bakcheen *dúcitur fámiliā tóta* (trin. 251), *id fuit naéniā lúdo (Pseud. 1277), pol hódie alterā iam bis détonsa cértost (Bacch. 1128)* und sonst Plautus. In den Versmaassen des Dialogs haben langes *a* Namen wie *Cantharā* und asin. 762 *epistulā* sonder Zweifel. Fleckeisens Ausführung (krit. Misc. p. 16 ff.) bedarf im einzelnen der Berichtigung, aber das Resultat dass Plautus wie seine Vorgänger noch Nom. *terrā* sagt, wird dadurch nicht im mindesten erschüttert dass er daneben und öfter schon wie Terenz stets *terrä* hat. An Stellen wo das Metrum eine Kürze fordert wie im letzten Fuss, begegnet *hiúlcä gens, illa volt, surpta sit, serva sum* (Rich. Müller de Pl. Epidico p. 52); ein Ausgang wie *quoius úrnä sit* scheint zu fehlen; sodass die Schwächung bei Pronominen, Adjectiven, enklitischen Verbindungen ihren Anfang nahm. Der Uebergang von Nom. *mensā* in *mensä* ist ungefähr gleichzeitig mit dem von Abl. *mensad* in *mensā*. Nach griechischer Form *Andromedā Phaedrā* bei den jüngeren Dichtern (Lachmann zu Luer. p. 408); in lateinischen Wörtern erst beim Verfall wieder Dehnung in der Cäsur, unter der Arsis wie *ulciscéndä reā genetrix* Orestis trag. 919.

Die e-Stämme behalten das s wie *fides facies.* Alle sind weiblich bis auf *dies* (bemerkenswerth *ubei ea dies venerit quodie iusei erunt adesse* in der lex repetundarum Z. 63); meist existieren daneben a-Formen wie *effigia* bei Afranius *com.* 365 (*parva magnus in effigia* bei Renier inser. de l'Algérie 36) neben *effigies, luxuria saevitia* neben *luxuries saevities*; auch in der Flexion herschen die a-Formen bis auf den Acc. und Abl. Sing. Alt *superficium* neben *superficies.* Die Verwandtschaft mit den i-Stämmen ward schon berührt. Abfall des s wie bei den a-Stämmen zeigt *res* bei Plautus in mehrmaligem *certa rest* oder *salva rest* (Wurzel *ra* wie in *ratus ratio*).

. Die geschlechtigen o-Stämme gehen im 5n Jahrhundert auf *os* aus, *Alfenos Plautios tribunos filios primos* (vgl. Hübners Index im C. I. L. 1 p. 602, der hier und im Verfolg die Nennung einzelner Inschriften unnötig macht), die Neutra auf *om, pocolom donom captom.* Häufiger mit Schwund des s, in den imperativisch verwandten Participialbildungen wie *hortamino*, sonst zufällig nur noch bei Eigennamen nachzuweisen, *Turpleio* für späteres *Turpilius, Fourio Popaio Roscio*; bei den Neutra mit Schwund des schwach auslautenden, von allen Dichtern vor Vocalen erweichten *m pocolo* C. I. L. 45, *dono* 177. Neben *filios* auf der ältesten Scipionengrabschrift 32 (auf den Consul des Jahres 495) tritt *Lucius* auf der etwas jüngeren 29 (auf den Consul des J. 456 dem jene Verse in den ersten Decennien des 6n Jahrh. gewidmet wurden), die doch *Samnio* noch, wie es scheint, für *Samnium* darbietet. Die Endung *os, om* gieng über in *us, um* etwa um das Jahr 520 der Stadt, und Plautus, dem *opos* noch zugestanden werden mag, konnte *Bacch.* 872 nicht schreiben *eros tuus* sondern lediglich *erus tuos.* Denn da das Latein die Lautverbindungen *uu* und *vu* hasst, so blieben Formen wie *mortuos equos servos aevom* für alle Zeit; zum Theil waren veränderte Formen wie *ecus* und *aeum* daneben im Gebrauch, aber in der Republik hat kein urbaner Mann *equus* oder *servus* gesprochen oder geschrieben. In Quintilians Jugend drang diese Lautierung der Vulgärsprache auch in die Schriftsprache ein (Quint. 1, 7, 26); der Kaiser Claudius redete *patruus,* o*pus arduum, divus Augustus*, freilich daneben noch *divom Iulium*; seitdem wird *divos divom* altmodisch und provinziell gewesen sein, obwohl es nie erlosch und so der plattlateinischen Verdumpfung von *us* überhaupt zu *os* und *o* entgegen kam (vgl. *dium Claudium et divom Titum* Or. 7421, *divos Hadrianus latum clavom* bei Renier mélanges d'épigr. p. 69). Den Lautwechsel von *o* zu *u* zu Anfang des 6n Jahrh. der Stadt veranschaulichen die nach dem J. 486 geschlagenen Münzen von Suessa wo neben *probom*, nemlich *ais*, die Form *proboum* erscheint (C. I. L. 1 n. 16); den Umschlag von *vivos* in *vivus* eines Sarsinaten Inschrift etwa aus Cäsars Zeit: *qui volet, sibei vivous monumentum faciet* (ebenda n. 1418). In *filius* tönte das s auch während des 6n und 7n Jahrhunderts so schwach dass es unterdrückt werden konnte, *filiu* wie früher *filio. nullu's* bei den Scenikern, *nullu sum, iussu sum, auctu sit* im letzten Fuss bei Terenz, *cedit citu célsu tolutim* bei Varro und ähnliches bei allen Dichtern der alten Schule. Des Protogenes Grabschrift verkürzt sogar *heicei sitüst*

mimus, eine Verflüchtigung des Auslautes welche sich in der Litteratur
zuletzt Plautus erlaubt hat; zu Lucilius Zeit war nur noch *hic situs Me-*
trophanes giltig. In der Schrift zeigt sich Reaction gegen die Abwerfung
des *s* schon seit dem 6n Jahrhundert; im 7n steht *vocitalust* auf der
genueser Tafel sehr vereinzelt, man schrieb *Lúcius Múmmius dónum*,
wärend die Aussprache alter Gewohnheit folgte; der Verfasser der
Scipionengrabschrift 34 zog *is hic situs quei nunquam victus est vir-*
tutei einem *situst* vor. Plebejer oder Kleinstädter., die auch nach Cicero
hier und da *lectu* für *lectus* und dergleichen schreiben, bezeugen eben
dadurch ihre Rusticität. Beim Neutrum fällt das auslautende *m* ab, wie
vorher *dono* so auch *donu* C. I. L. 168 oder 62, wo die eine Seite der
Bronze in älterer Lautierung *C. Placentios Marte sacrom*, die andere in
jüngerer *C. Placentius Marte donu dede* aufweist: *gremiu* und *signu*
auf Inschriften der ersten Männer bis in die Gracchenzeit, *bónu ius* oder
málu ‘zum Henker’ bei den Scenikern, ja *cónditŭmst cónsilium* aber
nur in Anapästen bei Plautus dem obigen *sitŭst* entsprechend. Obwohl
schliessendes *m* vor Vocalen, wie bekannt, immer schwand, hier also
minder hörbar war als *s*, muss es vor Consonanten umgekehrt fester
gewesen sein als schliessendes *s*, wenn auch die Inschriften verschiedene
Behandlung beider im ältesten Latein nicht erkennen, sondern Consolida-
tion um dieselbe Zeit (620—630 nach Ritschl P. L. M. p. 123) eintreten
lassen. Denn Formen wie *iússu(m) sit* haben die Sceniker im letzten
Fuss nie mehr zugelassen, und bereits die ennianische Metrik erhebt die
volle Geltung des *m* vor Consonanten zum Gesetz. Andere Nominativ-
formen der o-Stämme beruhen auf der Ausstossung des *o*-Vocals. Das
alte *dare damnas esto*, entstanden aus *damnat(o)s*, stimmt überein mit
umbrischen und oskischen Bildungen, umbr. *pihaz* osk. *húrz* (lat. *piatus*
hortus); die genueser Tafel bietet Z. 15 *termins* neben wiederholtem
terminus und Nom. Pl. *termina*, ganz wie umbr. *Ikuvins* osk. *Bantins*
(lat. *Iguvinus Bantinus*), für das Jahr 637 freilich eine allgemein be-
seitigte Antiquität. Häufig liess das alte Latein nach *i* das stammhafte *o*
fallen, *Clodis Caecilis* für *Clodios Caecilios*, wie ausser den italischen
Sprachen auch das jüngere Griechisch in Δημήτρις Φιλημάτιν; so erhält sich neben *alius* noch lange *alis*, *volgaris* neben *volgarius* mit
Uebergang in die *i*-Declination (Ritschl bonner Programme März und
October 1861). Das Nebeneinander von Formen wie *Verrius (lex Verria*
wie *lex Iulia) Verres Verris* und deren Vergleichung mit *aidiles aidilis*
gibt zu bedenken, ob nicht die Mehrzahl der Nominalstämme, welche
nach Maassgabe des gewöhnlichen Auslautes oben als *i*-Stämme betrachtet
wurden, im vorgeschichtlichen Latein noch ein volleres Wortbildungssuffix trugen. *alios alius* verwandelt sich in *alis* durch Assimilation des *o*
oder *u* an das vorhergehende *i*, worauf Contraction erfolgte; so geht im
Oskischen *ús* nach *i* regelmässig in *is* oder *is* über, dann in blosses *s*,
Viinikiis Púpidiis Stenis lat. *Vinicius Popidius Stenius*. Wenn bei
Plautus *filius* und *gaudium* zweisilbig gesprochen werden, so kommt
dies im Grunde auf eins hinaus mit der Schreibung *filis* und *gaudim*;
da jene Aussprache nur noch in den freieren Versmaassen vorkommt, so

ist damit der Zeitpunkt bestimmt für die Ausmerzung solcher Formen in
der Scıriftspracıe. Regelmässiger Wecısel von *Sulpicius* und *Sulpicis*
vertrug sicı nicıt mit festem Betonungsgesetz; die Betonung schon leırt
dass eine Bildung wie *dámnas* der vorlitterarischen Periode des Lateins
angeıört. Indem in *Clodis Cornelis* der Schlussconsonant unterdrückt
ward, entstanden die auf den ältesten Inscırıften nicıt seltenen Formen
Clodi Corneli, als Nominative zuerst erkannt von Mommsen (röm. Münz-
wesen p. 471). Denselben Scıwund der ganzen Endung *os*, *us* hat die
Scırıftspracıe angenommen bei vorıergeıendem *r*: alt *socerus* (Pl. *Men.*
957) wie griech. ἑκυρός, gewöhnlich *socer* (Pl. *Men.* 1046), ursprünglicı und von Nacıaımern des Grieciiscıen erıalten *Euandrus Alexan-
drus* (Vergil, Inscırıften vgl. Marini frat. Arv. p. 451) gewöınlicı *Euan-
der Alexander* zur Erleicıterung der Ausspracıe mit dem Hilfsvocal *e*
wie *Casenter(a)* C. I. L. 1501 für *Casantra* (Quintil. 1, 4, 16). Das im
Nominativ eingeschobene *e* wird in der Flexion überflüssig, *ager caper
ruber* griech. ἀγρός καπρός ἐρυθρός Gen. *agri capri rubri*, wäırend es bleibt wo es stammhaft ist wie in *prosper corniger*. Docı wird
aucı da z. B. beim comparativischen Suffix *ter* das *e* nicıt selten ver-
scıluckt: alt *magisteres* C. I. L. 73 gew. *magistri*, *dexteram* und *dex-
tram*, vereinzelt *itrum* in den Fasten p. 478 zum J. 711 neben *iterum*.
Cäcilius sagte *nunc uter crescit*, später Afranius *crescit uterus* oder
consedit uterum (tog. 338 u. 346), nur *numerus umerus erus* scıeinen
us nacı ĕr allzeit geıalten zu ıaben. *pover* aus *poverus* (*bene débet
esse povero qui discet bene* Inschr. von Steinamanger) geıt über in *puer*
Gen. *pueri* oder in *povr por* und die consonantische Flexion: letztere
Bildung erıielt sicı bei den alten Sklavennamen wie *Publipor*, Dat.
Naepori, Nom. Plur. *Marcipores*. *mulciber* flectiert den Gen. *mulcibris*
und *mulcibri*, wie der Etymologie nacı *saluber* Gen. *salubris* und *salu-
tifer* Gen. *salutiferi* identiscı sind. Νικήφορος ward latinisiert zu
Niceporus, dann acıtmal auf alten Inscırıften *Nicepor* woıl unter Einwirkung der erwähnten Sklavennamen. Desgleicıen scıwindet *os*, *us* in
vir levir satur. Nacı vorıergeıendem *l* ist der Wegfall bescıränkt auf
famul bei Ennius *ann.* 317, was nocı Lucrez 3, 1033 in Anspielung
auf den ennıanischen Vers wiederıolt, gleicı dem oskischen *famel*
(Mommsen unterital. Dialekte p. 229 u. 308), und auf das Neutrum *nihil*
aus *nihilum*; für letztere Abscıwäcıung war die früıe Annäıerung des
Wortes im Gebraucı an die Partikeln von Einfluss. So war die Grundform *noinom* 'nein', welcıe in *noenum* und *noenu* bis in den Anfang des
8ı Jaıruınderts von Scırıftstellern fortgepflanzt ward, schon im Beginn
der römiscıen Litteratur zu *non* abgestumpft mit Einbusse der Endung
und des *i*-Lauts (vgl. *coiraveront*, ıäufig *coeraverunt*, einmal *corave-
ront*, einmal *couraverunt* zum Zeicıen des Mischlautes beim Umscılag
in *curaverunt*).

Dem Personalpronomen dienen als Nominative für die erste Person
ego, mit langem o noch in den Kretikern und Bakcheen des Plautus wie
griech. ἐγώ, dann stets verkürzt bis auf die Zeit wo alle Prosodie ins
Scıwanken geräth, *utar egō saxis* im Ampıitryon v. 167; für die

zweite Person *tū* griech. τύ cύ. Das Pronomen der dritten Person, nur reflexiv gebraucıt, entbeırt des Nominativs. — Die übrigen Fürwörter scıliessen sicı im ganzen an die Nominalstämme an. *quis* Interrogativum, aucı weiblicı bei Plautus *quis mulier est,* wie griech. τίc, in alten Gesetzen einige Male wie osk. *pis* für das Relativum *qui* oder vielmeır für *quisquis*, das in einer Auguralformel bei Varro *quırquir* lautet (vgl. Neue lat. Formenleıre 2, 158 ff.), mit Verlust des *s ecqui siqui*. Das als Relativum fixierte *qui* gilt als adjectivisches Interrogativum oder Indefinitum, *quis* als substantiviscıes, wäırend *aliquis* als Substantivum und Adjectivum dient. Die tabula Bantina um 630 hat unterschıedslos *quisque eorum* und *queique eorum*. *qui* lautete vor Cäsar gewöınlicı *quei*, auf der Grabscırift des Protogenes *que*; diese bis c. 500 d. St. ıinaufreicıenden Formen des Latein steıen weit ab von den näıer zusammenliegenden osk. *pús* umbr. *poi*, welcıen lat. *quos* oder *quoe* analog wäre. *is* begegnet schon im 6n Jaırıundert, *eis* also langes *i* dreimal in der lex repet. um 630, der Orakelsprucı 1447 *iŭbeo et is eı si fecerit gaudebit semper*, unbestimmt geıalten wie alle, mag in der Urform *ioubeo et eis ei si faxit* geheissen ıaben. Nicıt selten bis auf Cäsar *eisdem* und *isdem* (Ritschl bonner Progr. October 1855); wie man *patronus isdemque coniux* sagte, so Plebejer der Kaiserzeit meırmals um die Syntax unbekümmert *patrono isdemque coniugi* (Fabretti p. 291 ff. vgl. *Roscia Lochagia coniunx idem heres* bei Renier ınscr. de l'Alg. 4293); mit Verdrängung des *s éidem* und *īdem*, ein Proletarier aucı *eıde*. Auf der ältesten Scipionengrabschrift steht Nom. *hec* aber zugleicı *hic*, nach Ablösung des Affixes *ce* gleicı jenem *que* und *qui*, obgleicı Nom. *heic* nicıt vorkommt; der Volksmund verkürzt *h*̆*c* uıd so dıe Sceniker, aber die classische Prosodik restauriert die Länge welche der Ursprung sei es aus *hisce* sei es aus *ho-i-ce* gebot. *ollus leto datus est* rief der Leichenbitter, *istus* bei Plautus, mit abgeschliffeuer Euıdung *ille iste*, danın *illic istic*, mit der Fragpartikel *illicine* gebildet uıd iı der Quantität beıaudelt wię *hic* und *hicine*. *ipsus* und *ipse* mıt verkürztem *ı* bevor das Positionsgesetz durchgeführt war, *ipse* braucıt nicıt erst aus *ipsus* gescıwäcıt zu sein, da bald das erste bald das zweite Compositıonsglied der Declination unterliegt wie *eumpse* und *ipsum, eapse* uıd *ipsa*. *alius* und bis zu Ende des 7n Jaırıunderts *alis; alter uter nullus, sovos* jünger *suos* u. a. wie bei den *o*-Stämmen. — Das Femininum folgt den *a*-Stämmen: *illa ista ipsa*, bei Pacuvius *sapsa* gleicı ἡ αὐτή von der Pronominalwurzel *sa*, wovon Ennius Acc. Fem. *sam* Masc. *sum* bildete, von der Wurzel *i ea* woıl durcı Assimilatiou statt *ia*, wie alt und dialektiscı *filea Feroneae precaream*, wie *eamus eant*, sodass *ea* dem *is* wıe *alia* dem *alis* entspricıt, *altera utra, tova* jünger *tua*. Eine Ausnaıme macıen *quae* oskiscı *pai* und *hae-c*, aucı dıe ıiernacı geformten *illaec istaec*, welcıe bis zum Auftreten des Plautus *quai* uıd *haic* gelautet ıaben müssen. Denn das Latein besass vor jener Periode kein *ae* oder *oe*, nur *ai* oder *oi*, wenigstens die Sprache der Römer nicıt, wenn aucı in den Stricıen, wo das Latein sicı mit dem Umbrischen und Volskischen berüırte, der ecıte Dipıtıong scıon etwas früıer, um 500 d. St., getrübt erscheint; noch das Document über die Bacchanalien vom J. 568 gibt ausschliesslich *ai* und *oi* in Stamm- und Endsilben wie *aiquom foideratei tabelai* bis auf das éine Wort *apud aedem Duelonai*, und der Verfasser der auf das J. 494 gestellten Duellius-Inschrift hätte aus einer Masse alter Urkunden, vielleicht auch aus einer alten Handschrift von Nävius Epos lernen können dass *praeda* und *Poenicas* für jenes Datum weit unpassender sei als *navebus* was hinterher in *navebos* corrigiert ward. Das Affix *i* fehlt in *aliqua numqua, siqua* umbr. *svepu;* locativischen Ursprungs und aus dem Gräcoitalischen überkommen hat es seine Bedeutung völlig eingebüsst und fungiert lediglich zur Unterscheidung von gleichlautenden Formen, wie umgekehrt z. B. späte Theorie im Plur. Nom. Fem. und Neutr. *haec* durch Weglassung des Affixes *ce* beim Fem. unterscheidet. — Beim Neutrum wird *d* angehängt: *id, quid* osk. *pid, quod* osk. *púd, aliud* aus *aliod* und bei Catullus noch *alid, illud istud*. Das auslautende *t*, welches hier ursprünglich und in anderen Sprachen erhalten ist, war im Latein, wo dies in die Geschichte tritt, bereits zu *d* erweicht, wie als Ablativzeichen im Italischen *d* erscheint und zwar im Latein ohne irgend eine Ausnahme. Das *d* der Neutra hatte im 6n Jahrhundert einen schwachen Laut, ähnlich dem ablativischen, sodass es Gefahr lief ganz zerstört zu werden, wie·im griech. τί und ἄλλο das Suffix untergieng. Bei Plautus und Terenz haben an zahlreichen Stellen *quód eius* und *quid huius* die Geltung eines zweisilbigen Fusses, Trochäus oder Spondeus; man nimmt gewöhnlich an, in *quód omnes mortalés sciunt* (Pl. *glor.* 55) sei die erste Silbe von *omnes* kurz gesprochen worden — und es ist wahr dass in solchem Falle auf das Pronomen meist eine durch Position, nicht von Natur lange Silbe folgt — man ändert gewöhnlich in *quód a me te accepisse fassu's* (*trin.* 969) die handschriftliche Ueberlieferung ab; ich erachte es vielmehr für wahrscheinlich dass in der von den Bühnendichtern aufgenommenen Aussprache jener Zeit auslautendes *d* der Pronomina verflüchtigt und dadurch ein Zusammenfliessen der benachbarten Vocale möglich ward, *quo(d) eius* wie *quo(m) eius*, bald Trochäus bald Amphibrachys, wie nach Belieben *te* oder *ted uti* Spondeus oder Molossus; im saturnischen Vers der Mummius-Inschrift aus dem Jahre 609 *ob hásce rés bene géstas quód in belló vóverat*, wo ich früher Verkürzung des *in* behauptete (wie z. B. *îlex* für *inlex* bei Plaut. *Persa* 408 nicht bloss durch den Vers gefordert sondern auch durch Nonius p. 10 ausdrücklich beglaubigt ist), bin ich jetzt geneigter ebenfalls Schwächung des *quod* anzunehmen, weil der Abfall eines auslautenden Dentals einst weiteren Spielraum hatte (*marid mari, haut haud hau, dedet fecid dede*), daher auch länger nachgewirkt haben wird als der des Nasals. Die Regelung des Auslauts mit Hilfe der daktylischen Metrik führte zur Fixierung des pronominalen *d*, nach dieser war in der Aussprache *aliud* bald nicht mehr zu unterscheiden von *aliut*, letzteres mag nach Maassgabe von *aput*, was zuerst die lex Iulia municipalis für älteres *apud* setzt, zu Ende der Republik auch in die Schrift eingedrungen sein; ein Beispiel für pronominales *t* vor der Kaiserzeit fehlt, das correcte Latein hielt dauernd an *d* fest und überliess die Vermischung z. B. von *quod* und *quot* dem Haufen. der Ungebildeten (*reliquiae quod superant* schon C. I, L. 1 n. 1016, im Inlaut *quodannis* auci die besten Urkunden der Kaiserzeit) und den Abschreibern der classischen Texte (wie man z. B. noci nicit bemerkt hat dass Seneca *epist.* 91, 14 sсirieb *quot tamen gravissimos casus intra spatium humanae senectutis tulit*, wo die iamberger und strassburger Hs. *quod* iaben). *hoce* im SC. Bac., gewöhnlich *hoc*, entstand aus *hodce* wie *ac* aus *atque* und war im 6n Jairiundert mittelzeitig; damals war, je nachdem *d* in *id* lautliсie Geltung zugestanden eriielt oder nicit, auci *idem* mittelzeitig, und plautinische Verse wie *tu hercle idem faceres si tibi esset credita* oder *sed erám meam quae te démoritur.* :: *multae áliae idem istuc cúpiunt* (*glor.* 838 und 1040) dürfen in Zukunft nicit angetastet werden. *eaedem leges eidemque ious* sсireibt noci die lex de Thermensibus unter Sulla; Differenzierung der Quantität war ein ziemlici spätes Mittel zur Sonderung des Neutrum vom Masculinum. Für *ipse* findet sich bloss *ipsum*, die Neutralbildung der *o*-Stämme, wie für das abgeleitete und keinerlei Anomalie aufweisende Possessivpronomen *meum quoium*. Plebejisch *alium nomen* (Fabr. 95, 211) für *aliud*; griech. τοcοῦτον neben τοcοῦτο.

Nominativ des Pluralis.

Die geschlechtigen Nomina neimen im Altindisсien das Suffix *as* an, im Grieсiisсien εc, bei vocalischen Stämmen regelmässig mit Steigerung vor dem Suffix, im Italisсien meist blosses *s* mit Deinung des Vocals bei vocalischen Grundformen. Bei den *e*-Stämmen zeigt das Latein keine andere Bildung als *spēs* oder *diēs*; die meisten werden übrigens in die *a*-Declination umgesetzt, Sing. *intemperies* neben *intemperia*, Plur. *intemperiae.* Bei den *u*-Stämmen *fructūs idūs quinquatrūs*, aber bei Plautus *iám mihi súnt manūs inquinatae* (*glor.* 325); man kann streiten ob diese Kürze erst durci den iäufigen Gebrauch des Wortes aus ursprünglicier Länge sici entwickelte, oder ob eine andere alte Bildungsweise iier traditionell gewairt blieb, wie im Grieсiisсieu ἰχθύεc oine, πήχειc aus πήχεεc πήχεϝεc mit Steigerung des Vocals.

Die *i*-Stämme neimen die Endung *ēs* an, *hostes puppes tres*, wie im Umbrisсien Nom. Plur. *puntes* vom St. *punti.* Die Endung *es* ist nach den Insсiriften, welсie bei dem beständigen Sсiwanken der ilandsсiriften zwisсien *e* und *i* allein einen siсiern Maasstab abgeben, bis auf die Kaiserzeit beinaie ausschliessliсi in Gebrauci; nur in sieben Beispielen begegnen die Endungen *eis* und *īs* (Hübners Index p. 604), *ceiveis pelleis*, *fineis* und *finis* auf der genueser Tafel die alleinigen Formen, *atriensis mendacis.* Die Leire, dass den *i*-Stämmen ursprüngliсi das Suffix *īs* zukomme, ist iistorisсi nicit begründet: anderntheils geien seit dem 8n Jairiundert *es* und *is* öfter neben einander her, Varro billigte *hae puppes restes* und *hae puppis restis*, iandsсiriftliсie Belege deren Lacimann zu Lucr. p. 56 einige zusammenstellt können mit Leiсitigkeit aus jedem Autor vermehrt werden, aus Plautus *gloriosus* seien iier notiert *familiaris* 183, *omnis* 659. 1264 u. a., *auris* 883, *nescientis* 893, *aedis dotalis* 1278, *muliebris* 1359, *foris* 1377. Die Endung *eis* bildete im 7n Jahrhundert den Uebergang von *es* zu *is*.

Die consonantischen Stämme hatten wohl noch im 5n Jahrhundert das Suffix *ĕs*, lat. *patrĕs* griech. πατέρες. Da der kurze Vocal dem *s* keinen Halt gab, fiel dies ab: *matrona Pisaurese* C. I. L. 1 n. 173 für *matronae Pisaurenses* von consonantischer Grundform *Pisaures*, wie • solche in *Thermesum* neben *Thermesium* und sonst mit *i*-Formen wechselt. Auch *ĕ* fällt noch ab, wie *vectigal* aus *vectigale*, sodass alle Endung preisgegeben und der Nom. Plur. dem Stamme gleich ward, ganz wie im Oskischen *censtur* und im Umbrischen *frater* (lat. *censores fratres*): so die alten Tribusnamen *Ramnes Tities Luceres* neben *Ramneses Tilienses Lucerenses*, so *quattuor* oder *quattor* das im oskischen Neutr. *petora* und im Griechischen noch flectiert ward. Das Suffix *ĕs*, *ĕ* hört auf um das Jahr 540: plautinische Anapästen wie *trin*. 835 *ita iám quasi cánes haud sécus circum stabánt navem turbínes venti* oder *Stich*. 311 *somnóne operam datis? éxperiar fores án cubiti ac pedes plús valeant* wird man am besten in dieser Art beurteilen, *canĕs pedĕs turbinĕs* wie griech. κύνες und πόδες, zum Theil mit Abstossung des *s* wie in jenem *secus; fores* das in andern Casus den *a*-Stämmen nachgebildet ist (*foras* und *foris* in genauer Uebereinstimmung mit θύραζε und θύρασιν) verräth hier consonantische Grundform und behauptet durch den steten Gebrauch das kurze Suffix bei den Dramatikern selbst im Dialog, z. B. *sed fóres vicíni proxumi crepuérunt*. Den Grund, warum im Beginne der Litteratur das alte Suffix schwindet, wird man im Bedürfnis nach Deutlichkeit und Durchsichtigkeit der Sprachgebilde sehen müssen: *ĕs* war gänzlicher Zerstörung ausgesetzt, dazu der Verwirrung mit dem Genetiv-Suffix das aus altem *os*, *us* damals auch schon in *es* umgesetzt war. So trat denn Dehnung des *es* ein, richtiger gesagt, die consonantischen Stämme giengen alle in die *i*-Declination über, ein Process der von den zahlreichen Wörtern ausgegangen sein wird bei welchen Grundformen auf *i* und consonantische neben einander existierten. Statt *bovès*, homer. βόϝες, vom Nom. Sing. *bos* gilt jetzt allgemein *bovēs* wie vom Nom. Sing. *bovis*, ebenso *regēs mancipēs legentēs virginēs consulēs oratorēs florēs*, auch bei griechischen Worten wo die jüngere Dichtung die griechische Form *grypĕs* zurückführte. Auch dies *ēs* gieng nachmals in *īs* über, freilich wenn man die alten Inschriften fragt, so gut wie nie, denn *prai]toris* C. I. L. 1 n. 188 gehört einer Zeit an wo über die Länge oder Kürze der Endung sich nichts bestimmen lässt, möglicherweise also *prailoris* zu *quaistores* wie im Gen. Sing. *salutis* zu *salutes* sich verhält, und das einmalige *ioudicis* in der lex repet. Z. 38 neben *ioudices* oder *iudices* fällt gegen die Masse der gewöhnlichen Formen nicht ins Gewicht; wenn der Regierungsbericht des Augustus einmal (4, 46 Mommsen) *pluris* hat neben *plures*, so bleibt darum doch *maioris* für urbanes Latein so verwerflich wie wenn jemand aus *pluria* auf *maioria* schliessen wollte. Kein Mavortius und Nicomachus wird dergleichen Nominative, welche im Vulgärlatein wucherten, wie *hospis* für *hospes* und unzähliges andere, welche durch das Schwanken des homonymen Acc. Plur. zwischen *es* und

is begünstigt wurden, bei der Emendation alter Texte zugelassen 1aben,
was natürlic1 nic1t ver1indern konnte dass sie in alle unsere Handschriften eingedrungen sind, beispielsweise in Plautus *glor.* 78 *satellitis*, 118
praedonis, 659 und 1359 *moris*, 733. 735. 758 *hominis*, 1392 *mulie-
ris*. Darin aber dass auch die Handsc1riften *is* immer1in seltener bei
consonantischen als bei *i*- Stämmen darbieten, zeigt sich eine Nac1wirkung
der durch die Insc1riften er1ärteten Țhatsac1e, dass bei letzteren *es* frü1er
und durchgreifender in *is* verwandelt ward als bei den ersteren.

Auch bei den *a*-Stämmen sc1eint die 1erkömmlic1e Form *silvae* aus
silvai jüngere Bildung trotz der Uebereinstimmung mit dem griec1isc1en
ὕλαι. Die ältere sc1loss sich vielme1r an die anderen mittelitalischen
Sprac1en an und lautete *silvās*, wie oskisch *scriftas*, umbrisc1 *urtas* (lat.
scriptae ortae), wie bei der Abart *speciēs*. Diese Form selber ist frei-
lic1 nic1t beglaubigt, denn im Vers des Pomponius *atell.* 141 *quód laetitias insperatas modo mi inrepsere in sinum*, worin die Weis1eit des
Nónius einen 'accusativus pro nominativo' sah, war das Subject aus dem .
vor1erge1enden zu entne1men, *laetitias* Objectsaccusativ zu dem transi-
tivisc1 gebrauchten *inrepsere* (vgl. *ea se subrepsit mihi* bei Plautus, sonst
subrepere gleic1falls intransitiv). Nac1 Abfall des *s* entstand daraus *silva*,
bezeugt durch zwei ins 5e Jahrh. reichende Inschriften aus dem pisaurischen
Hain: *matrona dono dedrot* und *dono dedro matrona* C. I. L. 1 n. 173
und 177 für volleres *matronas donom dedront.* Der Misdeutung, welcher
das des Suffixes beraubte *silva* unterliegen muste, 1alf die Sprac1e durch
Aufnahme eines neuen Bildungsprincipes ab, das der pronominalen Declination entle1nt sc1eint, durch Anfügung von *i* in *silvai* wie in *quai* und
haic; das Affix *i* fliesst mit dem Stammvocal zum Dip1t1ong zusammen,
von einer Dihärese findet sic1 keine Spur (Priscian 7 § 9), also *tabelai
datai erunt* im SC. Bac. drei- und zweisilbig, vereinzelt noch um die
Gracchenzeit wo längst *ae* durc1gedrungen: *literai* C. I. L. 1 n. 207 neben
literae n. 208. Das Vulgärlatein confundiert *ae* mit *e*: wenn auf den
samothrakischen Insc1riften 578 und 579 ric1tig *muste* (griech. μύcται)
copiert ist, so wäre auc1 bei dieser Endung die Confusion wenigstens
provinziell sc1on im 7n Ja1r1undèrt vor1anden gewesen.

Eine doppelte Bildung waltete auc1 bei den *o*-Stämmen ob, kurz
benannt eine griec1isc1e mit Anfügung von *i* an den Stamm, *agroi* ἀγροί,
und eine italisc1e mit *s*, *Romanos* wie osk. *Núvlanús*, umbr. *Ikuvinus.*
Nur ist gesc1ic1tlic1 der Stammvocal bei beiden Bildungen verloren, ausgenommen die Glossen aus dem Salierlied bei Festus *pilumnoe poploe*
(gleic1 *pilati popli*) und *fesceninoe* (angeblic1 *qui depellere fascinum
credebantur*), wo *oe* von Stilo substituiert war für *oi* wie allgemein in
Adelphoe. Uebrigens können diese zufällig er1altenen Zeugnisse für die
Priorität der *i*-Bildung nic1ts beweisen; umgeke1rt spric1t, von anderen
Gründen abgese1en, auch der Untergang der *s*-Formen in der classischen
Periode für deren älteren Ursprung. Die gesc1ic1tlichen Formen seit dem
Anfang des 6n Ja1r1underts sind demnac1 *vires vireis viris* und *vire virei
viri*, wobei für den Uebergang aus *oe* in *e* und *i* verglic1en werden mag
moerum pomerium oder *loebertas lebertas libertas*. *Atilies coques*

magistres in etwa 18 Beispielen meist des 6n Jahrh., *leibereis liberteis Vertuleieis gnateis* in etwa 40 von den Gracchen bis auf Cäsar und vereinzelt noc1 darüber 1inaus (Ritschl bonner Herbstprogramm 1855 p 5), *magistris ministris* in etwa 10 derselben Zeit (Hübners Index p. 603 f.); auf der genueser Tafel vom J. 637 Nom. *Vituries* und *Veituris*, Acc. *Veiturios*. So verbreitete Formen können von der Litteratur nic1t ausgesc1lossen gewesen sein: in Plautus *glor.* 374 *non póssunt mihi minis tuis hisce óculis exfodiri* stimmen beide Recensionen, die im Ambrosianus überkommene und die des Calliopius, trotz der Abweic1ung im übrigen 1insic1tlic1 der Nominativendung überein; ebenda 44 wird *Sardis* als Nom. Plur. überliefert lautlic1 für *Sardi*, sac1lic1 für *Sardiani*; *Men.* 1158 *vénibunt servi supellex fundi aedes omnia* stand von Plautus Hand *fundes* oder *fundis* gesc1rieben. Es leuc1tet ein wie durch die Vocalisation *es eis is* die *o*-Declination ganz in die *i*-Declination überge1t, ein Zug der Sprac1e welc1er sic1 auc1 im Nom. Sing. *alios alis*, im Ersc1einen von *hilaris* neben dem bis ins 7e Jahrh. allein gebrauc1ten *hilarus* offenbart. *sacres porci* lautete der Plural sowo1l vom Stamme *sacro* als vom Stamme *sacri*, welc1e im Altlatein und Umbrisc1en neben einander existierten. Die Africaner bildeten den Nom. Plur. *generes* (bei Renier 2868, vgl. *generi* Dat. Sing. ebenda 1348), etwa wie die alten Römer *pores* neben *pueri*. Nac1 der andern Art o1ne *s* gestaltet steht *ploirume* bereits auf der ältesten Scipionengrabschrift, anderswo *III vire*; seit der Mitte des 6n Jahrh. bis zum Ende der Republik in za1llosen Beispielen *colonei Iuliei amicei oinvorsei createi reliquei*, natürlich *ei* nur Mischlaut von *e* und *i* oder für langes *i* wie griech. ει seit Perikles. Lucilius sc1reibt *ei* im Nom. Plur. zur Untersc1eidung vom Gen. Sing. vor, *ut pueri plures fiant* (Quintil. 1, 7, 15); im Nigidius las Gellius 13, 26, 4 wenn auch nic1t wir in Gellius Texte *si huius amici vel huius magni scribas, unum i facito extremum, sin vero hi magni hi amici casu multitudinis recto, tum e ante i scribendum erit.* Quintilian erac1tet die Sc1reibung mit *ei* nic1t bloss für überflüssig sondern auch für unbequem, weil dann von *aureus* im Nom. Plur. *aurei* eigentlic1 *e* gedoppelt werden müsse; dies thaten die Alten sic1er nic1t, sondern drängten vor1erge1endes *e* wie *i* mit dem Casussuffix in *ei* zusammen: neben *filiei* finden wir *feilei* und *filei*, *socei* neben *sociei*, *librarei* und Nom. *turareis* neben *thurariei*, *magistrei Iovei compagei* für *Ioviei*. Die Contraction er1ielt sic1 stets bei *dei di*. Plautus verstattet sic1 zweisilbiges *aurei* (von *aureus*) und *fili* noc1 in Anapästen *Stich.* 25 und *glor.* 1081, die Dramatiker in allen Maassen einsilbiges *mei* wie *dei*, sonst ist jene Licenz der Volkssprac1e, wie sie insc1riftlic1 und 1andsc1riftlic1 in *Brutti* und *ali*, einst *alei*, tausendmal ersc1eint, im feinen Latein verpönt, wenn auch der Neuerer Properz *Gabi* gesagt hat (Lac1mann zu Luc1r. p. 252). Altes *ei* ist in den 1eutigen Texten nur selten zu seinem Rec1t gekommen; Stilo oder wer sonst die plautinischen Stücke zuerst in einem Corpus vereinigte, setzte für die *capteivei* und *Menaechmei* diese Form des Titels fest; in den Handsc1riften der Autoren bis zu Cicero, diesen nic1t ausgesc1lossen, und wieder von Trajan ab sind Nominative wie *virei*

maxumei aliei prodigei ziemlic1 1äufig; viele mögen die Grammatiker
der ersten Kaiserzeit, andere die nac1malìgen subscriptores, andere endlich wie z. B. *natei geminei puerei* Pl. *Men.* 18 u.
19 erst die Mönche
des Mittelalters in *i* umgesetzt 1aben. An sic1 ist die Endung *i* sc1wer-
lich jünger als *ei*, im Anfang des 7n Jahrh. ste1t *fructi* neben *fructei*,
flovi so gut wie *floviei flovei*, und beides auf derselben Urkunde neben
Nominativen auf *es eis is.* Das kaiserlic1e Rom sc1reibt lediglic1 *populi*
und ebenso *alii*, aber bei consonantischem *i* nur *ludi plebei.* Die Länge des
Suffixes ergibt sic1 aus seinerEntstehuug; es ge1ört zu den Resten jener alle
Endungen verunstaltenden Sprac1periode, welc1e mit derLitteratur erlosc1,
dass es in plautinischen Anapästen zur metrisc1en Kürze abgesc1wäc1t
ward, *hi lóc̆ĭ sunt atque hae régiones, mer̆ĭ béllatores gignuntur*, sogar
sc1liessend *meditáti sunt dol̆ĭ dócte* (*Pseud.* 595 u. 941. *glor.* 1077).

Die Neutra bilden den Nom. Acc. Voc. Plur. im Latein wie in den
verwandten Sprac1en auf *a*, welches bei den *i*- und *u*- wie bei den consonantischen Grundformen an den Stamm antritt, *milia altaria genua*
wie *capita carmina mella corpora*, bei den *o*- e1emals *a*-Stämmen aber
im Stammvocal aufge1t, *ova vascula sacra.* Nic1t nur im letzteren
Falle sondern auc1 sonst darf die Verlängerung des *a* als ursprünglich
betrac1tet werden: in den hexametrischen Orakeln *de incerto certā ne
fiant, si sapis, caveas* und *de vero falsā ne fiant iudice falso* (C. I. L.
1 n. 1440 u. 1441) sc1eint allerdings die Cäsur wesentlic1 einzuwirken;
auf der Scipioneninschrift 33 fügt sic1 die Messung *mors pérfecit tua ut
éssent ómniá brévia* am ersten der Regel des Saturniers; in Pl. *Men.* 975
ste1t *vérberā cómpedes* kretisc1, in Terenz *ad.* 612 *mémbra metu
débiliā súnt* choriambisch; im Septenar *Stich.* 378 konnte nic1t *tónsilia*
sondern nur *tónsiliá tapétia* vorgetragen werden; so ungewö1nlic1e
Betonungen wie *nisi carnáriá tria gravida, fácinorá puerilia, ómniá
malefacta* für Plautus sind, finden eine befriedigende Erklärung nur in
der damals noc1 empfundenen mittleren Tondauer des *a.* Sc1wankungen
zwisc1en geschlechtiger und ungeschlechtiger Bildung kommen auc1 bei
i- und *u*-Stämmen vor, *artus artua, Quinquatres Quinquatrus Quinquatria*, wovon *artua* durc1 den Usus, *Quinquatria* durc1 Grammatiker
verworfen ward; inner1alb der Néutralbildung Sc1wankungen zwisc1en
Grundformen auf *i* und den durc1 das Suffix nic1t geschiedenen auf *o*
oder consonantischen. Die Participia endigen abweic1end von den verwandten Sprac1en auf *ia*, griech. φέροντα lat. *ferentia*, doc1 1atte
Lävius *silenta loca*, wie Gellius 19, 7, 7 meint, *ab eo quod est sileo.*
Im Singular Nom. *discors* für alle Gesc1lec1ter, das Neutrum des Plur.
discordia vom St. *discordi.* Den geschlechtigen Formen Sing. Nom.
praecoquos praecoquis praecox entsprec1en die ungeschlechtigen Plur.
praecoqua und *praecocia.* In Iamben wie *omnia ómnes ubi resciscunt*
(Ter. *hec.* 867) wird die Aussprac1e an *omna* gestreift 1aben. Sinnius
Capito fü1rte aus dass *pluria*, nic1t *plura* zu sprec1en, das Wort sei ein
absolutes, nic1t comparativisches, wie die römisc1en Grammatiker gar zu
oft ein trügliches Abkommen zwisc1en Analogie und Anomalie trafen.
compluria lesen wir bei Terenz, *complura* C. I. L. 1 èlog. 28.

Beim persönlichen Pronomen sind *nōs* und *vōs* dem griec11sc1en Dual νώ und cφώ, den altindisc1en accentlosen und für die casus obliqui fungierenden Formen *nas* und *vas* verwandt, insbesondere auc1 durch i1re Functionen als Accusative. Hier gibt das Arvallied *enos Lases iuvate*, *enos Marmor iuvato* wie im Griec1ischen ἐμέ neben μὲ. *vôpte pro vos ipsi Cato posuit* (p. 88, 19 Jordan).

Beim geschlechtigen Pronomen Masc. *eeis ieis* und contrahiert *eis*, *iei* und contrahiert *ei* auf republicanischen Denkmälern, die *s*-Formen bis zur M1tte des 7n Jahrh., *iei* neben *ei* in der 1. Iulia munic.: *is* Pacuvius bei Charisius p. 133, 4, regelmässig einsilbiges *ei* die Sceniker, wofür selten in Hss. blosses *i* gesc1rieben ist (Ritschl prol. trin. p. 98), meist nac1 dem Gebrauc1 der Kaiserzeit *ii*. B1s auf Cäsar *eisdem*, *isdem* wie *eidem probavere*; dreisilbig *èidem* (Hss. *idem*) bei Plautus *glor.* 758. Ebenso *heis* und *hei*, für *hi* fe1lt ein insc1riftlic1es Beispiel vor Augustus, in vollerer Gestalt wie sie der alte Amtsstil liebte aussc1liesslic1 *heisce* und *hisce*, so bei Plautus und in der bei Livius 9, 10, 9 er1altenen Formel *hisce homines*. Unter den Kaisern kommt auc1 das incorrecte *hii* auf, was bei der vulgären Gleichgiltigkeit gegen die Aspiration der steten handschriftlichen Verwec1slung von *hi* und *ei ii* Raum gab. Im Senatsbesc1luss über die Bacchanalien wird streng gesondert Indefinitum *ques* (Nom. Sing. *quis*) und Relativum *quei* (Nom. Sing. *quei*); Pacuvius flectiert ebenso *ques* beim Interrogativum und in *nescio ques*, Cato 1atte gesc1rieben *quescumque Romae regnavissent*; seit den Gracchen *qui* neben *quei*, aber in der Republik nur sporadisc1. — Fem. *eae* aus *eai*, obwo1l in der lex Iulia vom J. 709 Z. 161 *eai res* nur auf Rec1nung des Graveurs zu setzen ist wie *diibus* für *diebus*; *quae*, *hae*, *istae* oder rustican *stae* (denn durc1 Lachmanns Beobac1tungen zu Lucr. p. 197 wird die Aphäresis des *i* im Schriftlatein keineswegs bewiesen), oft mit Affix *haec nuptiae* (Fleckeisen r1ein. Mus. 7, 271), *illaec* und *istaec contumel1ae*. — Neutr. *ea*, *illa*, *ipsa*; wie im Nom. Sing. Fem. mit *i* verme1rt *haice* im SC. Bac., dann *haec*, und *quae* was man unter Kaiser Claudius gräcisierend *quai* sc1rieb (I. R. N. 2211), in der lex repet. Z. 34 aber als Nac1klang des älteren Latein; das letztere o1ne *i* in *ea Bacanalia sei qua sunt* und immer in *aliqua*. Dazu *illaec* und *istaec*, so zu sagen parasitisc1e Sc1össlinge beim Neutrum wie beim Femininum, welc1e der gereiftere Gesc1mack des 8n Jahrh. wieder abstiess.

Vocativ.

Einen besondern Vocativ bildet das Latein nur im Singular der geschlechtigen *o*-Stämme, und selbst 1ier tr1tt leic1t der Nominativ an seine Stelle, wie bei Plautus *da meus ocellus, mi anime* (*asin.* 664) und beständig *deus* (Voc. *dee* bei Tertullian wie θεέ bei Matt1äus). Die neoterisc1en Dic1ter ne1men mitunter griec1isc1e Vocative 1erüber wie *Amastri Orpheu Atla* bei Catull Vergil Ovid, aber römisc1 *Xystylis face ut animum advortas* und *poenaque respectus et nunc manet Orpheus in te*. Fraglic1 bleibt ob nic1t bei den *a*-Stämmen, deren Nom. vor

Alters *deī* war, von jeɪer der Voc. *deă* lautete, wie äolisch Nom. κούρα
Voc. κοῦρα.

Beim Ruf wird das Nomen auf die kürzeste Form, den blossen
Stamm zurückgefüɪrt. Das auslautende kurze *o* wird zu *e* gescɪwäcɪt:
o bone wie ὦ φίλε, *triumpe* im Arvallied. Wo die Nominativendung
später ganz aufgegeben ward, fiel aucɪ im Voc. *e* ab, *puere* (z. B. Pl.
most. 947. 965. 990) wie *puerus*, dann *puer*. Geht dem Stammvocal *o*
ein *i* vorɪer, so tritt Assimilation von *ië* zu *ii* und Contraction in *ī* ein,
im 7n Jahrh. aucɪ *ei* gescɪrieben. Wäɪrend das Umbriscɪe die Contraction
beim Adjectivum *dio* zulässt, Voc. *di* oder *dei* gleicɪ lat. *die*, sonst aber
vermeidet, Voc. *Fisovie* etwa gleicɪ lat. *Fidi*, befolgt das Latein die um-
gekeɪrte Praxis, bei Adjectiven *Laertie pie* und so *nuntie*, wo man nicɪt
den Nominativ vorzog, bei Namen *Mercuri Gai Voltei*, auf einer Scipionen-
grabscɪrift *Publi Corneli*, später *Taracei* zum Nom. *Taracius* C. I. L. 1 n.
1202, bei Lygdamus 4, 5, 9 *mane Geni*. Ausser bei Namen drang die Contraction durcɪ in *fili*, wofür Livius Andronicus *filie* ɪatte, und in *mi* aus
mie (vgl. *mieis moribus* der Scipionengrabschrift, *bonis mis* Pl. *trin.* 822);
in der Scɪreibung *mei* z. B. *mei senex* und *anime mei* Pl. *merc.* 525 und
Men. 182 unterscɪeidet sicɪ der Voc. Sing. nicɪt vom Voc. Nom. Plur.,
der aucɪ geradezu in *mi* umgesetzt ward, *mi homines* und *mi hospites*
bei Plautus und Petronius; überliefert war Pl. *glor.* 1330 *ó mei oculi ó mei
anime*, beide *mei* wurden in *mi* geändert, dies an erster Stelle gar noch
in *mihi*, was beiläufig bemerkt den Kritiker berechtigt in der Scɪreibung
des Dativ *mi* oder *mihi* lediglicɪ nacɪ dem Vers sicɪ zu ricɪten. Zu den
irrationellen Eigenɪeiten der Volksspracɪe gehört *mi domina* und ähn-
licɪes das nacɪ Hadrian aucɪ in der Litteratur Aufnaɪme fand. Laberius,
der *oppido quam vèrba finxit praelicenter*, bildete Voc. *manuari*
(Gellius 16, 7), wie *aquarius sagittarius* im Gen. *aquari sagittari* von
den Eigenscɪaftswörtern abweicɪen. Es ist übrigens von Wicɪtigkeit
dass des Nigidius Tɪeorie, bei Wörtern wie *Valĕrius Vergĭlius* im Voc.
Válĕri zu betonen, im Gen. aber *Valéri*, im Widersprucɪ stand mit· der
Uebung zu Gellius und Priscians Zeit, wo *Valéri* aucɪ im Voc. accentuiert
ward (Corssen Ausspracɪe 2, 223), gewis ein Zeicɪen dass die *abscissio*
des *e* allezeit im Sprachbewustsein blieb.

Voc. *Harpage* zum Nom. *Harpax* bei Pl. *Pseud.* 665 ist ein leicɪt
erklärlicɪer Metaplasmus; liegt ein solcɪer aucɪ in der Devotion *Dite
pater Rhodine(m) tibei commendo* (C. I. L. 1 n. 818) zu Grunde, wie
von einem Nom. *Ditus*, oder jene Verscɪleifung der Nominativform *Ditis*
welcɪe oben an *militare* und *simile* dargelegt ward? Freilicɪ konnte
aucɪ der wirklicɪe Vocativ eines *i*-Stammes, ɪätten ihn die Römer je
gebildet wie die Griecɪen ihr μάντι, nicɪt anders als *Dite* auslauten.

Accusativ des Singularis.

Die beiden natürlichen Gescɪlechter — denn bei den Neutra ist
Accusativ und Nominativ eins — neɪmen bei vocalischen Stämmen *m* an
wie in den andern italischen Sprachen, dem griechiscɪ ν entspricht,

lat. *Luciom* um 520 d. St. griech. ΛЄΥΚΙΟΥ. Also bei den *a*-Stämmen
portam tabolam und ebenso *glaucumam*, bei den *e*-Stämmen *pauperiem*
nequitiem tristitiem (neben *tristitiam* oder wie bei Turpilius 126 zu schreiben ist: *ante facta ignosco, mitte tristitatem, Dorcium*), bei den *o*-Stäm-
men bis ins 6e Jahrh. *locom Alixentrom*, genau so wie umbr. *poplom*
und osk. *dolom*, im 7n Jahrh. auf der genueser Tafel als Nacızügler
floviom woıl unter Einfluss des *v*, regelmässig *avom suom* bis zu Ende
des 8n Jahrh. neben *populum dolum*, endlicı bei den *u*-Stämmen *con-*
ventum tribum, denn *grus* Acc. *gruem* folgt stets, *sus* Acc. *suem* fast
stets der consonantischen Declination. Die Endung *im* findet sicı nur
bei *i*-Stämmen und zwar bei wenigen, bei der Meırzaıl derselben und bei
allen consonantischen *em*. Es liegt daıer nahe zu glauben, dass von
Haus aus *em* der consonantischen Declination eigen sei, gescıwäcıt aus
ursprünglichem *am*, lat. *fratrem* altind. *bhrátaram*, und dass die *i*-Stämme
ihr Suffix so oft mit dem consonantischen vertauscht ıaben, weil die
Zunge zeigt dass *e* ein weit bequemerer Vorscılag des *m* ist als *i*. Aber
die Vergleicıung des gräcoitalischen Spracıkreises scıeint ein anderes
zu leıren: im Griecıiscıen ist das Suffix bei consonantischen Grundformen.
α nacı Scıwund des scıliessenden Consonanten: φράτορα, im Umbriscıen
u oder in jüngerer Scırift *o*, soweit unsere Quellen reicıen, gleicıfalls
ohne Spur eines Consonanten: *uhturu* und *curnaco* (lat. *auctorem* und
cornicem), zu beiden passt lat. *em* scılecıt. Anderseits bilden Grundformen auf *i* im Umbriscıen den Accusativ sowoıl auf *em* als auf *im*, wobei *m* oft abfällt, *peraknem* und *sevakni(m)* lat. *perennem* und *sollennem*,
und im Oskischen ist *im* oder in lateinischem Alpıabet *im* der *i*-Decli-
nation und der consonantischen gemeinsam, *slagim* St. *slagi* und *medicim*
St. *medik*. Es wird dadurcı waırscıeinlicı dass aucı im Latein *em* die
alte Bildung der *i*-Declination war, *aidilem* wie Nom. *aidiles*, und von
dieser auf die consonantische übertragen. Den consequenten Uebergang
von *em* in *im* ıinderte die lautlicıe Verwandtscıaft von *e* und *m*; zur
ausschliesslichen Geltung kam der spitzere Vocal wohl allein in *vim*, wo
die Einwirkung des *v* vermutlicı stärker war als die des *m*; selbst bei
griecıiscıen Wörtern wie *basim* sind Nebenformen auf *em* keineswegs
unerıört. Auf Inscıriften bis Augustus findet sich sonst nur *turrim* und
sehr alt *parti* für gewöhnliches *partem*, denn die secundäre Unterscheidung an sicı ıdentiscıher Formen wie *partem* und *partim* nacı der nominalen und adverbialen Function war im J. 594 nocı nicıt durcıgedrungen
(Ter. *ad.* 23), dazu die fremden Flussnamen *Lemurim* auf dem genueser
und *Tanaim* auf dem ancyraner Denkmal. Die Handscıriften können nicıt
viel Glauben ın dieser Frage ansprecıen: bei Plautus lese ich *glor.* 1187
f. 1300. 1303, *Men.* 25 im Text *navim* aber in der besten Handscırift
navem, was *Men.* 26 allgemein überliefert ist, *most.* 161 *messim* und
trin. 33 *messem*, *most.* 404 u. 425 *clavem* und *clavim*. Wäırend bei
decem undecim der Laut- durcı den Tonwecısel erfolgte, war für diese
fast lauter paroxytonierten Accusative oıne Zweifel der Consonant vor der
Endung von Einfluss, wie schon Reisig (Vorles. über lat. Sprachw. p. 88)
ıervorıob: man vergleicıe nur *clavim navim pelvim ravim vim*, *cratim*

lentim neptim restim (*restem* Or. 6404) *sementim* (Cato *r. r.* 27, aber *sementem* Plautus *Men.* 1012) *sitim, messim* (aus *met-ti*) *amussim tussim, febrim securim turrim.* Eine kritische Revision und Vervollständigung der Belege aus Handschriften, die nach Schneider Formenl. p. 206 immerhin wünschenswerth bleibt, wird vielleicht zu einer Erweiterung des von den alten Grammatikern erwähnten Kreises von Wörtern führen. *burim* brauchte Varro als Masculinum, wie jeder *Tiberim. securim* empfahlen Charisius und Priscian, sagt Cicero regelmässig (*in Verrem* 5, 47, 123 *securem* nach den besten Quellen), bezeugt Gellius für Verg. *Aen.* 2, 224: *securem* billigt Consentius ausschliesslich und bezeugt Priscian für Verg. *Aen.* 11, 656 gegen unsere gleich alten Handschriften. Die Grammatiker, welche sich fertigen Thatsachen ohne Gesetz gegenüber fanden, suchen ein Gesetz zu schaffen: Plinius der *im* ausser den drei Worten *febrim tussim sitim* nirgends zuliess, der für *navem* sowohl als für *avem* den Accusativ mit *i* verbot auf Grund dessen dass nach seiner Doctrin der Ablativ *ave* und *nave* lautet (Charisius p. 129, 17 u. 126, 7), entbehrt bereits des lebendigen Sprachgefühls, das Valerius Probus bewährt, wenn er die Wahl zwischen *turrem* und *turrim* seinem Ohr überlässt (Gellius 13, 21). Abgesehen von den Nomina hat sich *im* als die regelmässige Form accusativischer Adverbialbildung von *i*-Stämmen eingebürgert, *statim* St. *stati* der weitergebildet ward zu *station*, wie *partim* St. *parti* weitergebildet im Nomen *portio* und Verbum *partiri*, *sensim minutim minutatim* u. a. (Corssen krit. Beiträge p. 283). Der im Adverbium erstarrte Accusativ drückt die Art und Weise aus, das innere Object einer Handlung, wie derselbe Casus sonst das Ziel, das äussere Object: *passim, opitulatum, exsequias, Acheruntem ire* lauter Accusative mit verschiedener Nuancierung der Casusbedeutung. In der bei den Scenikern üblichen Wendung *ne frustrā sis* liegt keine Schwächung des später allein gebrauchten Abl. *frustrā* vor, auch nicht etwa Verstümmelung von *frustram*, da dergleichen Plautus vom letzten Fuss ausgeschlossen hat (*decem minas*, also *dece* im Senarschluss bei Terenz *Phorm.* 667 hat Bentley wohl mit Recht beseitigt), sondern ein Acc. Plur. Neutr., als ob *frustra agere* stünde, mit transitiver Natur von *esse* wie in *nugas es* und in anderen Sprachen. Man muss beachten dass gerade die ältesten Autoren bei rein örtlicher Bedeutung des Accusativs oft die Zuthat einer Präposition für nötig halten, Plautus *mulierem in Ephesum advehit* neben dem blossen Acc., die beinahe ein Jahrhundert späteren Argumenta nur noch *Ephesum avehit.* Adverbia auf *im* hat die Sprache in der vorclassischen Zeit, dann wieder beim Verfall in grossem Reichtum hervorgebracht, doch steht auch ihnen eine ältere Bildungsweise auf *em* gegenüber, denn die Priorität von *autem* und *item* vor *perpetim* oder *mixtim* wird wohl niemand bestreiten; beide Endungen verhalten sich zu einander wie uranfängliches *mentem* (St. *menti* ersichtlich aus *mentio* und *mentiri*) und gegen das 6e Jahrh. hin *parti*(*m*) C. I. L. 1 n. 187. Neben *saltem* bestand *saltim* (in guten Hss. von Plautus an z. B. *glor.* 1211 bis über Seneca z. B. *epist.* 91, 10 hinaus). Die consonantischen Grundformen nehmen alle *em* an, *auspicem militem architectonem gutturem*; Veränderungen des Inlauts bei diesen wie *meliorem* aus *meliosem*, und sonst, wie dass alle Römer vor Cicero *Piraeum* dreisilbig sagten, keiner aber, was man irrig den Cicero *ad Att.* 7, 4, 10 für seine Vorgänger bezeugen lässt, viersilbig *Piraeeum*, bedürfen ıier keiner Ausfüırung.

Dass das scıliessende *m* die Silbe notwendig lang macıe, rückwirkend den Vocal verlängere (Lacımann zu Lucr. p. 130), ist unricıtig; darauf dass Priscian in *meridiem rem* kurzes *e* ıörte (7 § 94 mit dem charakteristischen Zusatze *numquam enim ante m terminalem longa invenitur vocalis*) darf kein Gewicıt gelegt werden, aber genug Beispiele der Alten leıren dass aucı beim Abfall des *m* der Vocal kurz bleibt. Anderntheıls konnte, wo *m* scıwindet, und im Vers scıwindet es immer vor anlautendem Vocal, die Zeitdauer des Consonanten dem Vocal zugelegt werden. Die Endungen *am em um* waren demnacı mittelzeitig; die Kürze erscıeint in *ẽrữm fúgissént* Pl. *Stich.* 312, *mắnữm da et séquere* oder *manữm si Bacch.* 87 und *Pseud.* 860, *pắtrẽm sodalis Bacch.* 404, *pro deúm fidẽm fắcinus* Ter. *eun.* 934; allerdings in Wörtern welcıe der ıäufige Gebraucı am ersten abgeplättet ıaben wird; die Länge in den Saturniern *Taurasiá Cisauna Samnió cepit, duonoro optumó fuise viró, subigit omné Loucanam*, in der dramatiscıen Metrik wenn *rém agit* nicıt pyrrichisch gemessen wird sondern als Tribracıys mit einem Hiatus, der nur langen Vocalen oder Dipıtıongen zukommt, und ganz ausnahmsweise in der daktyliscıen. wenn man die Synalöpıe vermied *inimicitiám agitántes* oder *veneráta virúm hunc sédula curet.* Die Scıreibung des *m* greift im 6n Jahrb. allmäılicı durcı, die älteste Scipionengrabschrift C. I. L 1 n. 32 hat von neun Accusativen nur éinen auf *m*, *Luciom*, sonst *Corsica oino Scipione*, die zweite n. 30 unter fünf éinen *Loucanam*, die dritte metriscıe n. 34 *magna sapientia honore* neben *saxsum*, die vierte n. 33, welcıe kaum jünger als die dritte um das J. 600 fällt, lässt das *m* in *apice* und *gremiu*, wie die Tafel andeutet, nur weg weil der Steinmetz mit dem Raum nicıt auszureicıen fürcıtete, endlicı in der distichischen auf den Prätor des J. 615 feılt *m* nirgends. Amtlicıe Urkunden geıen mit constanter Scıreibung voran wie das SC. Bac. vom J. 568, bei einigen Wörterı erıält sicı alte Gewoınıeit länger, z. B. *inmanu palam dato* Z. 51 der lex repel. vom J. 632 wie jenes plautinische *mánu(m) da*, ıier und da aucı später nocı in gut redigierten Documenten wie in Fasten p. 478 *pace fecit* zum J. 713 neben *pacem fecit* zum J. 714, im nicıt urbanen und vulgären Latein blieb *m* vernacılässigt, *porticu faciundu coiravit* C. I. L. 1 n. 801 auf der Inscırift eines transtiberinischen magister pagi, bei Fabretti 53, 309 *in via Ardeatina respiciente longu, latu, coeptu* jedesmal oıne den Consonanten, daıer seit dem 3n Jahrh. unserer Zeitrechnung der Ablativ folgt auf Präpositionen die den Acc., und der Accusativ auf solche die den Abl. regieren, indem syntaktiscıe Regellosigkeit und Verwirrung der Formen sicı in die Hand arbeiteten; in plebejiscıen Hexametern *huic tumulo possuit ardéntè lucernam* (I. R. N. 166) und *circavi totam regiónẽ pedestrem* (Hermes 1, 343) keırt jene Incorrectheit wieder, welcıe die dramatiscıe Verskunst des 6n Jahrh. nur nocı im kleinsten Umfange geduldet ıatte.

Erwänt seien schliesslich *illa Censorii Catonis 'diee hanc'*, dergleichen Quintilian 9, 4, 39 in alten Büchern fand, Grammaticaster aber aus Unwissenheit zu ändern pflegten. Jenes *diee* stent keineswegs, wie Schneider Formenl. p. 361 meinte, für ursprüngliches *dieem* dreisilbig, eine Accusativbildung welche nicht existiert hat, sondern zweisilbig für *die*, indem die oben begründete Länge durch Doppelung des Vocals ausgedrückt ward, wie in *ree fuit, ee vero* C. I. L. 1 n. 1011 und öfter. Und eben darum ist jene Form von Interesse, weil daraus erhellt dass die von Velius Longus p. 2220 dem Attius zugeschriebene Einfürung der vocalischen Gemination keine Neuerung des Tragikers war, der um 585 geboren vor ·Catos Tod im J. 605 noch keinen Einfluss erlangt haben konnte, sondern schon ein oder zwei Decennien vorher in Anwendung gekommen war, ehe Attius dies Längezeichen theoretisch fest stellte und dadurch wenigstens für die Dauer seines Lebens zu allgemeiner Geltung brachte (Ritschl mon. epigr. tria p. 22 ff.). Während die hadrianischen Grammatiker die Erfindung von dem Theoretiker datieren, der sie im Grunde nur weiter verbreitet, war der Schüler Palämons noch genauer unterrichtet, als er schrieb *usque ad Attium et ultra porrectas syllabas geminis vocalibus scripserunt* (Quint. 1, 7, 14). Das catonische *diee* hat Quintilian schwerlich für drei Silben angesehen nach seinem Zusatz *aeque m littera in e mollita*, nemlich ebenso wie *s* in *Aeserninus fuit* erweicht ward; er theilt aber auch unsere Auffassung nicht, insofern er das zweite *e* für ·einen bei Verflüchtigung des *m* vor folgendem Vocal entwickelten· Nachschlag des ersten zu erklären scheint. Uebrigens ward das schliessende *m* auch vor consonantischem Anlaut von den ·Alten nur matt, halb näselnd gesprochen: *hanc culpam maiorem an illam dicam* beleidigte die Empfindsamkeit des Römers, weil er das Schmutzwort *landicam* hörte (Cic. an Pätus 9, 22, 2); geradezu *n* ist geschrieben in *gratian referre* I. R. N. 7084, schon in der lex Iulia munic. Z. 104 *libitinanve faciet*.

Beim persönlichen Fürwort *me te se*, lang wie altindisch *mấm tvấm*, sonst gleich dem griechischen μέ, τέ oder cέ, Fέ aus cFέ. *mehe pro me apud antiquos tragoediarum praecipue scriptores in veteribus libris invenimus* Quintil. 1, 5, 21: verwechselte er *me* mit dem Dativ, der *mihe* und älter wol auch *mehe* wie im Umbrischen lautete, oder ward *me* durch eine Partikel verstärkt wie griech. ἐμέγε goth. *mik*, sodass *h* aus urspr. *gh* entstund? Wir finden die Form weiter nicht; Pacuvius *trag.* 143 schrieb *quondam (ei mihi!) pigét paternum nomen, maternum pudet profari*. Die Accusative wurden mit *d* geschrieben bis gegen Ende des 6n Jahrh.: *Novios Plautios med Romai fecid* sagt die Ficoronische Cista C. I. L. 1 n. 54, die alten Grammatiker bezeugen die *d*-Form als Accusativ ausdrücklich, so Charisius und Diomedes für den ersten Vers des Curculio: *quo téd hoc noctis dicam proficisci foras*, unsere Handschriften gewären sie in Uebereinstimmung mit dem metrischen Indicium ziemlich oft, z. B. Pl. *Bacch.* 357. 571 (wo *tet* in D geschrieben wird) 909, *Stich.* 756, *Men.* 942; sieht man also auch ab von *inter sed* im SC. Bac. und *apud sed* in der tab. Bantina, wo allerdings möglich aber gar nicht wahrscheinlich ist dass das Pronomen bei freierer Rection der Prä-

positionen im Ablativ steht, so müste man doci alle gesciicitlicie
Quellenkunde preisgeben, um das wirklicie Alter und die Echtheit jener
Formen in Abrede zu zieien. Es genügt iier eine Anomalie des ältesten
Latein zu constatieren, für welche seine eigene und der verwandten
Spracien Casusbildung keinen Anialt gibt, vermutlici im Volksidiom
aus Verwechselung des Accusativ mit dem Ablativ erwachsen, durci die
früie Abscileifung des ablativischen *d* in der Ausspracie wesentlich
unterstützt (anders Umpfenbaci meletemata Plaut. p. 4). Die Länge des
Vocals bleibt in *meme tete, memet*; mit anderm Affix alt *mepte*, neben
seese wie das bantische Gesetz scireibt *sepse* noci bei Cicero (vielleicit
auci bei Pl. *Pseud.* 833 *eae sépse patinae fervefaciunt ilico*). — Bei
den geschlechtigen Pronomina Masc. *eum* Fem. *eam*, bei den Scenikern
meist einsilbig, in den litterarisch überkommenen Gesetzen der zwölf Tafeln,
bei Cicero *de legibus* und Festus, auci im Vers des Plautus *glor.* 1424
naci der *i*-Declination *em* und *im* vom Nom. *is*; bei Ennius *sum* und
sam wo das Metrum *eum* und *eam* nicit vertrug; in der Composition
eumpse aber *eundem*. *quem* vom Nom. *quis* dient zugleici für das
männlicie Relativum, da *quom* als Conjunction fixiert ward 'in welciem
Fall' wie oskisci *pún* (gleichlautend mit der Präposition, z. B. *occisus est
quom Caepione* auf dem Grab eines im J. 664 gefallenen, mit jüngerer
Lautierung *cum* seit dem 7n Jahrh. oine Untersciied der Präposition
oder Conjunction, nur dass für letztere *quom* nie ganz abianden kam);
das weiblicie Relativum *quam* streift den Ciarakter eines Casus ab als
Partikel 'in welcier Weise' wie oskisci *pam* oder *pan*; in der Composition regelmässig *quamque in urbem* neben dem obsoleten Fem.
quemque (Pl. *Pseud.* 185), aber immer *quemquam porcellam*. Um das
J. 500 *honc oino*, wofür bald *hunc unum* substituiert ward, Fem. *hance*
und öfter *hanc*; Formen oine Affix wie *hum* und *ham* sind mir auci auf
plebejiscien Insciriften nicit aufgestossen, in mancien Stellen der Dramatiker wie *Stich* 611 *pér hănc tibi cenam incenato* fällt *hanc* nicit
voller ins Geiör als *ha*(*m*).

Accusativ des Pluralis.

Der Plural wird, wie die verwandten Sprachen leiren, aus dem
Singular gebildet durci Vermeirung desselben mit *s*: *formas* ist aus
formams entstanden, indem *m* zunäcist in *n* übergieng (kretisci πρειγευ-
τάνς für attiscies πρεϲβευτάϲ), *n* aber dem *s* sici assimilierte (oskisci
feihúss mit Doppelung des *s* welcie das Latein nur im Inlaut und auci
da nicit immer durcifüirt, *formonsus formossus formosus*). Ebenso
aus Acc. Sing. *filiom* Plur. *filios*, wo oine den Nasal *o* auci zu *u* gesunken wäre (*annus quatur* ciristlicie Inscirift bei de Rossi 1 p. 204, 473
für *annos quator*), aus *rem res*, aus *sinum sinus* (in der Inscirift bei
Orelli 5326 *aqua*] *coloniae sufficiens et per plataeas lacuus inpertita*
bezeicinet *uu* die Vocallänge wie sonst *casús ritús*). Bei den Grundformen auf *i* und den consonantischen war das Suffix des Acc. Sing. *em*
und *im*, wovon *im* nur bei wenigen auf *i* überiaupt, bei noci wenigeren
vorzugsweise Geltung erlangte, weil sici dem *m* leiciter *e* anschmiegt;

jenem entspricht das Pluralsuffix *es* und *is*, wovon *is* in der classischen
Zeit für die *i*-Stämme sehr oft, bisweilen auch für consonantische gewählt
ward, weil dem *s*-Laut nach Ausweis des vulgären Vorschlags in *ispes*
oder *Isticho* der Vocal *i* ganz bequem war. Im historischen Latein also
ist die ältere Endung bei der *i*-Declination wie bei der consonantischen
es, welche erst auf jüngerer Sprachstufe, in ausgedehnterem Maasse etwa
seit dem 7n Jahrhundert, in *is* übergeleitet ward durch die Mittelform
eis; es ist eine irrige Vorstellung wenn man von *is* als ältester Bildung
im Lateinischen wie πόλῑς im Griechischen oder von 'der späterhin allgemeinen Form auf *es*' redet, eine Vorstellung welche den vorhandenen
Denkmälern widerstreitet und über den mittelitalischen Sprachverband
hinausgreift, wie die Vocalisierung des Acc. Plur. im Umbrischen *avef*
aveif avif ergibt (lat. *aves aveis avis*). Endungen wie *hostes pisces dentes imbres* hat das Latein von jeher gehabt und trotz der Decrete mancher
Grammatiker nie aufgegeben, Endungen wie *indices hospites praecones*
meliores sind allezeit vorwiegend im Gebrauch gewesen. Es bedarf vielmehr nur einer Untersuchung über den Umfang der Casusbildung auf *eis*
und *is*. Im Arvallied steht *pleoris* zweimal neben *pleores*, auf der Duellius-Inschrift *clasesque navales* und *claseis Poenicas* und *copias Carta-
ciniensis*, letzteres mit *i longa* geschrieben, alles triftigere Zeugnisse für
die Kaiserzeit und deren sprachgeschichtliche Meinungen als für das
wirkliche Latein des 5n Jahrhunderts. Zuerst begegnet *eis* auf dem Meilenstein des Popillius vom J. 622 in *ponteis omneis*, dann auf der genueser
Bronze vom J. 637 *fineis omneis Genuateis* neben *Genuates*, ferner
calleis in der lex agraria vom J. 643, *Decembreis* und *omneis* in der
l. Cornelia vom J. 673, *civeis* und *fineis* in der l. Termens. vom J. 683,
Octobreis und *Quinctileis* zu Pompeji und Furfo in den J. 676 und 696,
zuletzt *Alpeis* in der l. Rubria vom J. 705, die übrigen undatierten Beispiele *tristeis turreis baseis* (Hübners Index p. 604) gehören ebenfalls
dem 7n Jahrhundert an und spätestens dem Anfange des 8n; ein Curiosum
ist der Archaismus *civeis* auf der africanischen Inschrift bei Renier 1521
aus der Verfallzeit. Im Plautustext, dessen erste Redaction dem 7n Jahrhundert verdankt wird, sind hier und da Formen derselben Art sicher überliefert, *aureis* im *Persa* 182, *omneis* 325, *liteis Stich.* 79, *plureis* 607;
noch bei Sallust im Anfange des Catilina las man *omneis homines* (Cap.
51, 1 dagegen *omnes homines* nach Charisius p. 139, 22) und bei dessen
Zeitgenossen ähnliches; wenn unter Nero der Tragiker Pomponius
Secundus behauptet hat, man müsse *omneis* und nicht *omnes* sagen (Charisius p. 137, 23), so ist gewis dass diese reactionäre Theorie 100 Jahre
zu spät kam und keine Nachfolge fand. Die inschriftlichen und sonst
zweifellosen Beispiele zeigen *eis* nur wo Grundformen auf *i* existierten
wie *fini* und *Genuati*; auch Varro nahm an dass der Acc. Plur. auf *eis*
ausgehen könne wo der Gen. Plur. *i* vor der Silbe *um* habe mit Ausnahme
der Nomina *falces merces aves luntres ventres stirpes urbes corbes
vectes neptes* (Charisius p. 129, 19); desto auffälliger ist dass Stilo die
Bildung der Comparative auf *eis* wie *ferocioreis* gestattet haben soll und
dass Plinius nicht bloss in seinem Cäcilius *facilioreis sanctioreis* sondern

selbst bei Cicero *maioreis* gefunden hat (Charisius p. 129, 31. 130, 4.
137, 27), so anomal gebildet wie *pleoris plureis*. Der Meilenstein des
Popillius gibt Acc. *aedis* neben *omneis*, andere Urkunden des 7n Jahrhunderts *omnis litis finis Octobris Sextilis turris*, insgesammt die republicanischen Inschriften keine 30 Beispiele bei etwa 15 Wörtern (Hübners
Index p. 604), die auf das J. 649 gestellte über einen Mauerbau zu Puteoli
kennt nur die Endung *omnes* und *fores*. Jene Beispiele sind auf Grundformen mit *i* beschränkt; nur auf eines Libertinen Grabschrift C. I. L. 1 n.
1027 aus Cäsars Zeit steht *hominis misericordis amantis pauperis*;
wenn die lex Iulia munic. gegen den Schluss einmal *municipis* und einmal
municipieis schreibt, letzteres wohl durch Mischung von *is* und *eis*, so ist
zu beachten dass dieselbe Z. 145 den Gen. Plur. *municipium* bildet und
dass noch die Bronze von Malaga Or. 7421 den Nom. Sing. *municipes*
Gen. Plur. *municipium* als Nebenformen zu *municeps municipum* darbietet. Augustus Regierungsbericht gewährt meist *es, fines gentes
labentes*, siebenmal *is, finis omnis currulis pluris agentis inferentis*
und bei einem sonst consonantisch flectierten Nomen *consulis* (Mommsens
Ausgabe p. 147). In den pränestinischen Fasten *omnis calendas*, auf den
Inschriften bei Or. 6428 und 5375 um das Jahr 754 *civis* und *turris* mit
i longa, desgleichen *annos tris* im elogium 20; in Claudius lyoner Rede
pluris aber *fines*. Für die folgende Kaiserzeit, wo man das inschriftliche Material noch nicht übersieht, muss eine behutsame Prüfung auch
den vulgären Lautwechsel von *e* und *i* in Rechnung bringen, da in amt
lichem Document unter Domitian *eiusdem condiciones* neben *eiusdem
condicionis* auftritt. Varro hörte *hos montis, fontis* neben *hos montes,
fontes* und *gentis* neben *mentes* und *dentes* (*l. lat.* 8, 66); während
Varro nur *urbes* gelten liess, gebrauchte Vergil auch *urbis*, und Probus
leitete solche Schwankungen des Dichters von euphonischen Rücksichten
her. Asper sagte, wenn im Gen. Plur. *i* bleibe, müsse dies auch im Acc.
gewahrt werden. Plinius leugnete was Varro und andere bejaht hatten,
*ea nomina quae nominativo singulari et genetivo per is terminabuntur
et genetivos plurales per ium loquentur, accusativos in eis posse dicere*,
und nahm hier die Endung *is* an, wenn ich des Charisius Notizen richtig
deute. Dieser selbst verlangt den Acc. Plur. *is* bei den auf *is* endigenden
Wörtern die ohne Silbenvermehrung im Dat. Sing. *i* haben, wie *caelestis
hos caelestis*, und macht vom Acc. Plur. *is* abhängig ob der Gen. Plur.
auf *ium* ausgehen soll (p. 43, 6). Priscian stellt für die im Nom. und
Gen. Sing. gleichlautenden Nomina wie *omnis* als die gewöhnliche Form
des Acc. Plur. *is* auf, *es* als die seltnere; dazu hätten die im Nom. Sing.
auf *er, ns* und *rs* endigenden Nomina häufig *is* wie *celeris fontis partis*,
selten die auf *x* wie *tenacis*, andere obwohl sie im Gen. Plur. *i* vor *um*
aufnähmen wie *civitas civitatium has civitates* fast nie (7 § 84 ff.). Jedenfalls bestätigen die Aussagen der Grammatiker im Verein mit den Inschriften, dass ein Acc. Plur. *religionis*, den Lachmann zu Luer. p. 50
durch einen fehlerhaften Abdruck der lex Cornelia getäuscht für zulässig
erachtete, dem mustergiltigen Latein aller Perioden fremd war. Denn
den handschriftlichen Formen kann in diesem Falle nur so weit sie den

sonst gesicierten Ergebnissen nicit widersprecien, Beweiskraft beigelegt werden, und der Versuci O. Kellers (riein. Mus. 21, 241—246) bestimmte Regeln für die Accusativendung *is* bei den augusteiscien Dicitern aus den Collationen zum Tieil mittelmässiger Handsciriften zu zieien, bleibt für jetzt, wairscieinlich sogar für immer in all den Punkten problematisch, welcie über die ausdrücklicien Zeugnisse alter Grammatiker iinausgeien. Wenn bei Plautus *Bacch.* 580 u. 650 *tris*, 832 *tres* oine Variante überliefert wird, so iindert nicits an die Authenticität der Formen zu glauben. *vis multas* sagten Lucrez Sallust Messalla statt des üblicien *vires*, das bei Plautus und Lucrez auci *viris* gesciriellen wird. Folgende Beispiele aus Plautus *glor.* können einen Ueberblick des Gebraucis von *is* in Handsciriften überiaupt geben: *legionis* 17 u. 224, *virtutis* 32. 655. 1027, *moris* 40, *latronis* 74, *meretricis* 93, *aedis* 121. 310 und seir oft, *amantis* 139, *osculantis* 176, *omnis contubernalis* 184 (die älteste Hs. A allein *omnes contubernales*), *omnis molis* 191, *omnis* auci 662 (bloss B *omnes*) 658. 1232, *hostis* 219, *perduellis* 222, *foris* 328 u. 1296 (aber B 328 und alle Hss. 342 *fores*), *auris* 358, *inprudentis* 432, *imbricis* 504, *oboedientis* 611, *tris hominis* 660, *artis* 669, *similis sermonis* 699, *crinis* 792, *lepidioris* 804, *partis* 811, *mercis* 1023, *praegnatis* oder *praegnantis* 1077, *maris* 1113, *exeuntis* 1136, *piscatoris* 1183, *peioris* 1218, *civis* 1289: gegen die meisten lässt sici nicits einwenden, die Comparative scirieb Stilo ja wie die Participialformen mit *eis*, immer aber bleiben sicier irrige Formen wie *hominis* und *piscatoris* zurück. Genauer lässt sici das allgemeine Ergebnis zunäcist nicit fassen, als dass die *i*-Stämme und diejenigen consonantischen welcie aus *i*-Stämmen entstanden sind wie *lit* Nom. Sing. *lis* oder auci in der übrigen Flexion die *i*-Form anneimen wie *amantium* und *amantia*, im Acc. Plur. die Endung *es* früi in *eis* und *is* umsetzten, sodass in der Blüte der Litteratur bei einigen Wörtern z. B. *omnis finis turris pluris Decembris* die Bildung auf *is* der auf *es* sicitlici vorgezogen, nirgends aber aussciliesslici angewandt ward. Bei rein consonantischen Stämmen wie *sermon* wird der welcier den Acc. Plur. *sermonis* aus Handsciriften aufnimmt, zuvor naciweisen müssen dass er sici auf eine bessere Autorität als die der scilecitesten Latinität stützt.

Die regelmässige Länge der Endung hat iiren Grund in dem vor *s* ausgefallenen Nasal; wie aber der Acc. Sing. bei den Dramatikern das *m* oine Ersatzdeinung verlieren und so *manum* vor folgendem Consonant zu zwei Kürzen werden konnte, ebenso iaben sie bisweilen auci im Acc. Plur. die Endsilbe gesciwäcit, indem das auslautende *s* nicit gerecinet und der voriergeiende Vocal als kurz beiandelt ward: *dómos patres patriam ut colatis* Nävius *com.* 94, *move mánŭs properá* Pl. *Persa* 772, *mánŭs ferat Bacch.* 480, *fóres pultabo* trin. 868, *nisi mavolt.s fóres et postes comminui securibus Bacch.* 1119, *bónŭs ut aequomst facei e Stich.* 99, auci bei Terenz noci im Septenar vor Vocalen *ác forĭs aperi ad.* 167 und *expedit bonŭs esse vobis hautont.* 388, gegen welcie Stellen niemand einwenden wird dass naci Sciwund des *s* Synalöphe der zusammentreffenden Vocale stattfinden konnte wie im ennianischen *palm' et crinibus*

für *palmis* (Cicero *orat.* § 153). Der im 6n Jaırhundert zugelassenen
Verkürzung von *manŭs* ist analog der Uebergang im Inlaut aus *quamsei*
oder *quansei* (lex agraria Z. 27) in *quŭsei*. Was durcı strengeres Gesetz
in Vers und Spracıe dann verworfen ward, lebte im Volksmund fort: ein
plebejiscıer Hexameter lautet *Donata pia iusta vale*, *serva tuŏs omnes*
(Inscırift bei Renier 283).

Die geschlechtigen Pronomina weicıen in nicıts von den *o-* und *a-*
Stämmen ab, *hos* und *has*, *quos* und *quas*, *eos* und *eas*, *illos* und *ollas*
(Pl. *glor.* 669). Im·ennianischen Vers *ann.* 103 *nam sibi quisque domi
Romanus habet sas* erklärte Verrius, der *sos* für *eos* bei demselben
Dicıter wiederıolt geleseu, ricıtig *eas*, unricıtig wie der Plural beweist ·
Festus *suas*, indem er sich volkstümlicıer Scıreibungen wie *sa pecunia* (Inschr. in den Jaırbücıern des archäol. Instituts 1856 p. 23, 132) •
und *iungar tis umbra figuris* (Ritschl bonner Progr. Sommer 1852 p. 16)
oder des von Alters her so tradierten *lumina sis oculis bonus Ancus re-
liquit* erinnerte. Den männlicıen Formen der übrigen Pronomina seıen
nos, im Arvallied *enos*, und *vos*, die zugleich als Nominative fungieren,
seır äınlicı, wäırend beim Reflexivum aucı für den Plural *se* dient, wie
die attiscıen Dicıter cφέ für jedweden Numerus gebraucıen.

Genetiv des Singularis.

Bei den consonantischen Stämmen ward das ursprüngliche Suffix *as*
im Gräcoitalischen zu *os*, im Lateiniscıen zu *us*, das in 12 Beispielen erhalten ist, besonders bei Eigennamen auf römiscıen und campanischen Inschriften vereinzelt bis zur Mitte des 7n Jahrh., rustican nocı auf den glandes
Perusinae des J. 713: *Castorus Venerus Cererus Honorus Caesarus
patrus nominus hominus praevaricationus* (Hübners Index p. 603) wie
Κάστορος πατρός. Der Uebergang in *es*, *is* erfolgte waırscıeinlicı
durcı Einwirkung der *i*-Stämme, wie aucı im oskischen und umbriscıen
Gen. Sing. die consonantische und die *i*-Declination zusammenfällt. *Salutes pocolom* findet sicı scıon vor dem hannibalischen Kriege, desgleicıen scıeint C. I. L. 1 n. 187 *vicesma parti Apolones dederi*
gleicı *Apollonıs*, endlicı ebenda 811 *Cereres*. Die gemeinigliche Endung
ist *is* in *vocis pedis bovis auctoris* usw. für griech. Ϝοπός ποδός.
Bei unsern Texten darf man natürlicı aus den Handscıriften nicıt auf
älteres *es* für *is* scıliessen: *virgines* bei Ennius *ann.* 103 steıt für *vir-
ginis* oder *virgine*, bei Plautus *trin.* 1153 bezeugt Nonius ausdrücklicı
den Gen. *nôn ego sum dignus salutis* statt des Abl. *salute dignus* unserer
Hss. die an Alter mit den Quellen des Nonius sicı gar nicıt messen können. Das auslautende *s* fällt im alten und vulgären Latem ab: *Caesaru*
C. I. L. 1 n. 696, *ante aedem Serapi* in der Bauurkunde n. 577 vom
J. 649 und *Serapi medicina utor* Varro in einer Satire (denn Gen. *Sara-
pis* war üblicher als *Sarapidis*) wie *Isi* auf einer Inschr. in den *ann.* dell'
inst. arcıeol. 1855 p. 85, *Palaestrioni somnium* oıne *s* gescıriehen
Pl. *glor.* 386, wie oıne *s* gesprocıen im Senaranfang *militis qui ami-
cam* Pl. *Bacch.* 574, im Ausgang des Septenars *Sosia Amphitruónis sum*

Amph. 411, der Hexameter *Hyperionis cursum* oder *liminis parte* bei Ennius und Lucrez, Gen. *admirabili pueri* auf africanischer Inschr. bei Renier 3420. — Die *i*-Stämme sind von den consonantischen im geschichtlichen Latein nicht zu scheiden: Gen. *piscis vitis cerilais* könnte von Grundformen *pisc vit cerial* nicht anders gebildet sein, *partus* für *partis* in der tab. Bantina ist vom St. *pari* abgeleitet. Möglich ist dass Gen. *avis* aus *avius avios* entstund wie *alis* aus *alios*, in welchem Falle für die älteste Sprache Länge der Endung, *avīs* oder *aveis* vorauszusetzen wäre. Vielleicht bewahrt eine Spur davon der Senar aus sullanischer Zeit (C. I. L. 1 n. 1009) *amor parenteis quem dedit natae suae*, ein Genetiv der genau mit dem oskischen *Herentateis* und *Lúvkanateis* von *i*-Stämmen stimmt. Beispiele für Abwerfung des *s* sind schon vorin aufgeführt, da ich eine abweichende Behandlung der *i*-Stämme in diesem Punkt nicht erweisen kann; bei Lucrez ist 1, 591 *inmutabili' materiae* und 5, 1434 *mundi versatili'* emendiert, Plautus hat *corporist* (*glor.* 997) für *corporis est*, ob aber *civist*?

Die *u*-Stämme wahrten das Genetiv-Suffix in älterer Gestalt, da sich *o* nach *u* regelmässig hält: *senatuos* constant im SC. Bac., *magistratuos* I. R. N. 3901. Wenn auf ziemlich späten Inschriften *domuus* (Boissieu Inschr. von Lyon p. 28) *exercituus conventuus* (Ritschl mon. epigr. tria p. 7) geschrieben wird, so kann im einzelnen Falle der doppelte Vocal zur blossen Bezeichnung der Länge verwandt sein. Durch Contraction *sumptūs* und *fructūs* seit Beginn der Litteratur; Gen. *senatus* begegnet verhältnismässig spät, auf republicanischen Inschriften nur zweimal n. 635 u. 1149 und nicht vor Šulla, dann in Augustus Regierungsbericht beständig und in der Kaiserzeit. Eine andere Art der Zusammendrängung war die in *os*, wie von *quattuor* in *quattor*; Augustus schrieb *domos genetivo casu singulari pro domus nec umquam aliter* nach Sueton Oct. 87, womit Marius Victorinus p. 2456 übereinstimmt; im Neuumbrischen tritt *o* an die Stelle von ursprünglichem *u* im Gen. *trifor* St. *trifu* altumbr. *trifus* wie röm. *tribus*. Ohne weiteres Beispiel, wenigstens bei geschlechtigen Nomina, steht die aus *senatus* erwachsene Form *de senatu sententia* im tit. Aletrinas C. I. L. 1 n. 1166 um das J. 620. Neben dem contrahierten *manus* war seit dem Ende des 6n Jahrh. bis in den Anfang des 8n allgemeiner verbreitet *manuis*, wo *i* dem ehemaligen *o* entspricht; *anuis* Terenz, *metuis* Cicero, *senatuis domuis rituis victuis* und andere Beispiele aus Schriftstellern des 7n Jahrh. citiert Nonius Cap. 8 *de mutata declinatione*, Gellius 4, 16 meldet als ausgemacht *M. Varronem et P. Nigidium non aliter elocutos esse et scripsisse*. Einige sprechen, so sagt noch Martianus Capella p. 77, 20 Eyssenh., *genuis* und *cornuis*, aber man muss *genus* und *cornus* im Genetiv sprechen wie *exercitus*. In der That war dies die übliche Form bei Cicero, Lucan, Plinius; daneben erhielten sich aber *genu* und *cornu* mit abgeworfenem *s* wie im obigen *senatu*, da die nachhadrianischen Grammatiker die Indeclinabilität des Neutrum im Singular lehren (Freund im Wörterbuch gramm. Scholien Nr. 3). Endlich schlagen die *u*-Stämme seit der ältesten Zeit in die *o*-Declination um: Plautus gibt *quaesti* (z. B. *most.* 1107 und *Persa* 66)

neben *quaestus*, *sumpti* (z. B. *trin.* 250) neben *sumptus*, Terenz regelmässig *quaesti* (*hec.* 836) *adventi fructi*, selten *quaestuis* (*hec.* 735),
nie *quaestus* (Fleckeisen krit. Miscellen p. 43); auf Inscriften des 7n
Jahrh. gewöhnlich *senati* wie auci bei Sisenna Sallust Cicero und Zeitgenossen (riein. Mus. 8, 494), ferner *tumulti piscati aesti porti geli
laci* von Ennius bis Lucrez so häufig, dass für diese Periode die Bildung
auf *uis* und *us* oine Zweifel zurücktritt.

Wäirend bei den *u*-Stämmen die Endung *ūs* nicit für ursprünglich,
durci Ansatz eines *s* an den gedeinten Stammvocal entstanden, gelten
kann, darf umgekehrt bei den *a*-Stämmen die Endung *ās* nicit erst als
contrahiert aus *a-is* betracitet werden; die gleiciartigen Genetive im
Oskischen *eituas* (lat. *pecuniae*), im Umbriscien *tutas* (*civitatis*), im Griechischen coφίας beweisen das Voriandensein dieser Bildung bei weiblicien
Grundformen auf *a* vor allem Latein. *escas Latonas fortunas' vias* las
man bei Livius Nävius Ennius, *Alcumenas* hat Plautus, und ici seie nicht
ein wesialb derselbe *Bacch.* 307 *Diánae Ephesiae* oder *Persa* 409
pecuniaé accipiter den feilerıaften Hiatus nicit sollte vermieden ıaben
durch die Scireibung *Dianas* und *pecunias*, wofür man freilici keine
Bestätigung in den Handscıriften sucien darf, die nicit einmal den fast
trivialen, noci in ciceronischer Zeit ıundert Male gebrauciten Genetiv
ai im *glor.* 103 gewaırt ıaben. *dum minoris partus familias taxsat*
scireibt das bantische Gesetz, *pater* oder *mater familias* beiauptete sici
immer im Gebrauci von Terenz (*ad.* 747) bis auf Quintilian und
spätere (Haase zu Reisigs Vorl. p. 66 Anm. 41), wenn auci im Plur.
matres familias (Pl. *Stich.* 98) Stilistikern, wie es scieint auch dem
Sisenna misfiel. Auf jüngeren Inscıriften *Quartas filius* I. R. N. 4805 oder
Nymphas und *medicas* fallen woıl weniger unter den Gesicıtspunkt des
Arciaismus als des Gräcismus. Hierıer geıören die seir alten Adverbial-
bildungen *alias alteras* bei Festus, *utrasque* bei Nonius p. 183 was
Cassius Hemina von der Zeit brauciıte (*in Hispania pugnatum bis: utrasque nostri loco moti* 'beide Male'), Cäcilius vom Ort (*atque hercle
utrásque te, cum ad nos venis, suffurcinatam vidi* 'auf beiden Seiten').
Heute wird man vorsicitiger urteilen als Lacımann zu Luer. p. 104,
der an secis Stellen seines Dicıters das ecıte *interutrasque*, wobei der
Genetiv so wenig von dem ersten Compositionsglied abıängt als der Ablativ und Locativ in *interea* und *interibi*, verdrängt hat. Ici recıne auf
die Zustimmung verständiger, wenn ici in Stellen wie Plaut. *Poen.* 5,
3, 43 *quid si eámus illis obviam?*:: *at ne inter vias praetérbitamus
metuo*, Ter. *eun.* 629 *dum rús eo, coepi egomet mecum inter vias
aliám rem ex alia cogitare*, Turpilius 196 R. *inter vias epistula exci-
dit mihi, infélix inter tuniculam ac strophium conlocaram*, die Erklärung von *vias* als Acc. Plur. für unnatürlici, in der terenzischen für völlig
spraciwidrig ıalte, vielmeır in dem adverbialen *intervias* das lateinisce
Seitenstück zum deutscien 'unterwegs' erkenne. Auci *inter pugnas*
bei Ennius *ann.* 256 gebe ici zu bedenken. Die Bildung des Gen. auf *ās*
hat die Spracie im 6n Jahrh. gänzlici aufgegeben, und Asper war unbedingt im Irrtum, wenn er dem Sallust *castella custodias thensaurorum*

in dedilionem acciperentur zusсιrieb, *cuslodias* als Genetiv auslegend
(Charisius p. 107, 12), sei es dass *acciperentur* aus *acciperent* oder
custodias aus *cuslodiae* verderbt war, wie bei Verg. *Aen.*
11, 801 *auras*
aus *aurae* vor Servius. Die seit dem 6n Jahrh. gebräuchlicıen Genetiv-
endungen beruıen auf einem andern Bildungsprincip, der Vermeιrung
des Stammes durcı *i*, welcιe in der pronominalen Declination mehrfacı
sicı wiederıolt. Im oskischen Gen. *Marai* (Nom. *Maras*) und im griech.
Πριαμίδαο (Nom. Πριαμίδης) sind die männlicıen *a*-Formen durcı ihr
Suffix gesondert von den weiblicıen wie *múltas* und Ἥρας: im Latein
erstreckt sich die neue Bildungsweise auf Feminina und Masculina. Das
älteste Beispiel derselben ist *Prosepnais* auf einem Spiegel C. I. L. 1 p. 554
n. 57 für *Proserpinae* neben den Götternamen *Venos* und *Diovem*. Durcı
Abstossung des *s* Gen. *irai* mit drei langen Silben, ein sprecιender Be-
weis für die Verschiedenheit dieser vermutlicı aus *ajas* ιervorgegangenen
Endung von der consonantischen und halbvocalischen Flexion. Auf alten
Schalen *Lavernai Belolai Aecetiai*, im SC. Bac. *Duelonai*, bei Ennius
Albai longái und *silvái frondosái*, bei Plautus in einer Art von Parodie
auf den Curialstil *magnái rei publicai gratia*. Die Verscıleifung der beiden Längen wird durch die Bühnendichtung wesentlicı gefördert worden
sein; an wenigen Stellen bei Plautus hat die Restitution von *ai* den Scιein
der Waιrıeit wie *glor.* 84 *comoediai*, wäιrend an anderen dem Vers auf
mehrerlei Art aufgeιolfen werden kann, wie *merc.* 834 durcı *fámiliai*
Lar pater oder *fámiliae Larispater*. Terenz dem Bentley einigemal diese
Endung unterscιob hat kein Beispiel meır davon (Ritschl prol. trin.
p. 325); in den Urkunden der Gracchenzeit ist sie scıon durcιgeιends
gescιwunden, obgleicı das Repetundengesetz nocı *quaerundai* und *faci-*
undai bietet; in der daktyliscıen Kunstdicıtung lebten die im Volksmund
untergeıenden Formen fort, Lucrez liebt sie augenscıeinlicı, *materiai*
purpureai gelidai; im Anfang des Verses *Iphianássai* und in der Mitte
patriai tempore iniquo und öfter im Scıluss *ferai* oder *viai*; nocı Vergil
macıt sicı die Tecınik der alten Scıule zu Nutz in *aurai aulai pictai*
aquai. Das zweisilbige *ai* ward zusammengedrängt zum einsilbigen Dop-
pellauter, dieser zu *ae* getrübt. Im Hexameter C. I. L. 1 n. 1202 *non aevo*
exsacto vitái es traditus morti ist der Genetiv nocı dreisilbig, zweisilbig in den Senaren 1007 *heic est sepulcrum hau pulcrum púlcrai femi-*
nae und Or. 5756 *a* aus der Kaiserzeit *Priapus ego sum, mortis et vitái*
locus. So bereits constant in der dramatiscıen Metrik des 6n Jahrh.; dass
Varro in den Iamben *Parm.* 1 *viscum fugái lineamque compedam*
gescırieben ıabe scıeint mir weit bedenklicıer als *fugarum* (die Hss.
fuge oder *fugam*). Als längst *ae* gesprocıen ward, bediente man sicı
grapıiscı noch des Zeicıens *ai*, Nigidius um *huius terrai* von *huic terrae*
zu scıeiden (Gellius 13, 26), wäırend andere umgekehrt den Dativ vor
dem Genetiv so auszeicıneten (Quintil. 1, 7, 18), *ad Murciai* im elogium 23 aus der augusteiscıen Periode, Claudius und andere im Gen.
Agrippinai publicai wie überall für *ae* um die Scırift der grieciiscıen
anzunäıern. Die Minderzaıl männlicher Nomina auf *a* hat die gleicıen
Wandlungen durcιgemacιt, *Aeneái* Nävius, *Geryonái* Lucrez, gewöınlich

Atridae agricolae. Wie aus zweisilbigem *ai* sich *ae* entwickelte, so *aes* aus dem alten *ais*; es muss aber betont werden dass diese Bildung ziemlich jung ist (als eins der ältesten Beispiele mag C. I. L. 1 n. 1212 *Pesceniaes Laudicaes ossa heic sita sunt* noch dem 7n Jahrh. zugeschrieben werden), ferner lediglich rustican, meist auf Libertineninschriften der ersten Kaiser, besonders häufig in Gori's etruskischen Inschriften, bei Eigennamen *Aurunceiaes Magnaes Faustaes Terentiaes Caniniaes Marinaes Agrippinaes Antoniaes Statiliaes Auctaes Festivaes Lepidaes*, auch bei männlichen wie *Messalaes liberta* und zweimal *Midaes* (im J. 740), vereinzelt auch *ex officio annonaes* (Fabr. 312, 366) und *vernaes* (ebenda 296, 258), nirgends ausserhalb plebejischer Kreise. Obgleich daher diese Flexion regelrecht sich an das archaische *ais* anschliesst, muss doch ihr Wiederaufleben nach der unterbrochenen sprachgeschichtlichen Continuität ohne andere Ausdehnung als die eines Idiotismus einem fremden Elemente, dem Griechischen zugeschrieben werden, zumal da oft auf denselben Denkmälern Formen wie *Actes* oder I. R. N. 5453 *Cerviaes Psyches* nebenhergehen. Bei *Dianes Popilies Prisces* ist erst recht nicht zu entscheiden, ob es römisch gebildete Genetive sind mit vulgärem Lautwechsel anstatt *Dianaes* wie *nostre* für *nostrae*, oder griechische.

Ueber den Genetiv der *e*-Stämme spricht von den Alten ausführlich Gellius 9, 14. Die älteste Bildung ist nach Analogie der *a*-Formen *diēs*, erhalten von Ennius bis auf Cicero und Vergil, *fides* bei Pl. *Persa* 244, *rabies* bei Lucrez 4, 1075, *Corneliáe Spés* bei Gruter 776, 13. In Ciceros Sestiana § 28 hatte Cäsellius *illius dies poenas* für das echte erklärt und Gellius fand dies als er sich einige alte Handschriften gesammelt, die damals cursierenden werden wie unsere heutigen schon *diei* gehabt haben; in der Rede *pro Sex. Roscio* § 131 las Charisius *pernicies causa*, Cellius und Nonius *pernicii*, wir nach unsern Hss. *pernicie*, alle drei an sich gleich gut; in einer Stelle des Claudius Quadrigarius hatten alle Bücher des Gellius *inmanitatem fucies*, ein tiburtinisches Exemplar im Text *facies* aber am Rand *facii*, schlechtere Bücher *faciei* aber mit Rasur; wäre der Historiker auf uns gekommen, so wäre hundert gegen eins zu wetten dass auch der älteste Palimpsest *faciei* darböte. Dies ein Beitrag, um die secundäre Bedeutung der Codices für die Feststellung grammatischer Formen zu charakterisieren. Das Altertum erklärte *Diespiter* als 'Vater des Tages'. Daneben eine mit *i* vermehrte Bildung *diei* in der lex repet. wie *terrái*, *fidei* mit langem *e* bei Ennius und Lucrez 5, 102, *famēi veteres, unde adhuc famē producitur in ablativo* Priscian 6 § 59, wo indessen *famèi* nicht ausgeschlossen ist, natürlich auch mit langem *i*, daher *reI gerundae caussa* und *huiusque dieI* in den Consular- und Fasti Pinciani. Das *e* wird vor dem *i* gekürzt, bei Plautus *rei* sowohl als Spondeus wie als Iambus, *quid tibi mecúmst rëi* im Versschluss *Men.* 323 und 494, und die Kürzung wird Gesetz in *fidèi plebèi*, ausser wo dem *e* schon kurzes *i* vorangeht wie *aciēi*. Durch Contraction des *e* und *i*, analog dem Gen. *púlcrai*, entsteht einsilbiges *rei* und *spei*, bei den Komikern weitaus üblicher als selbst die iambische Messung. *tribunus plebei*, der amtliche Titel wie in Gesetzen so in Claudius Rede, ward

schwerlich anders denn fünfsilbig gesprocıen; in den vielen Fällen wo
die Endung der Elision unterliegt wie *nil fidei hábeo* war sie offenbar
einsilbig, wenn überıaupt die dipıtıongiscıe Scıreibung ıier ecıt ist.
Für eine dritte Genetivform der *e*-Stämme, nemlich die auf blosses *ē*, feılt
in der *a*-Declination das entspreciende Beispiel; *fide* kann sowoıl aus
fides entstanden sein wie Gen. *senatu* aus *senatus*, als aucı aus *fidēi*,
indem *i* nacı dem langen *e* sicı verlor, wie wir dies im Dativ der *a*-
Stämme wieder seıen werden; das vorıandene Materıal verstattet kein
sicıeres Urteil über das gegenseitige Verıältnis dieser Formen, wenn
aucı die Abstumpfung welcıe nur den Stamm übrig lässt auf relativ
jungen Ursprung weist. *rei* allein ıaben die inscırıftlicıeu Gesetze viel-
mals, *re militaris peritissimus* erst nacı der Republik elog. 29, *lex
plebeve sc(itum)* die lex agraria éinmal neben zweimaligem *lege plebive*,
öfterem *plebeive scito*; in der Grabscırıft *dis manib. Casperiae Fide*
Fabr. 326, 461 kann aucı der Dativ gemeint sein. Nacı den Handschriften und dem Zeugnis eines Grammatikers setzte scıon Plautus *die* (z. B.
Pseud. 1158); dass aber diese Formation damals keineswegs herschte,
darf mit daraus gefolgert werden dass eine Verkürzung dieses Genetivs
fide, wie bei den *o*-Stämmen, wo die monophthongische Endung längst
durcıgedrungen war, Gen. *bonı*, so wenig vorkommt wie ein Gen. *manüs*
neben dem wirklicı so gescıwäcıten Acc. Plur. *facie die fide* und ähn-
licıes bei Lucilius Sallust Vergil Ovid u. a., *quidam famis quidam fame
dixerunt genetivo* (Charisius p. 40, 11), die Endung *e secundum antiquos regularis genetivus* (Servius zu Verg. *georg.* 1, 208), da Cäsar *de
analogia huius die* und *huius specie* als Norm aufgestellt. Gewis war in
der Latinität, deren lautlicıe Formen wir meist copieren, um Cırısti Ge-
burt ıerum diése Form seır gebräucılicı, man trifft sie nocı in den
Medicei des Tacitus, im Cassinensis des Frontin, im Nazarianus des Florus
(z. B. *die* p. 30, 6 und *re* p. 50, 1 Jaın), freilicı aucı wo der Vers sie
nicıt duldet, wie am Ende eines ennianischen Hexameters *magnám cum
lassus diei*. Endlicı der Ausgang auf *i*, wodurcı die *e*-Stämme den
Grundformen auf *o* und *u* äınlicı wurden, war die lautlicıe Consequenz
des einsilbigen *ei*; bei voraufgeıendem Consonanten hatte scıon Cato
fami, dıe tabula Bantina *lege plebive* neben *plebeive scito*; auffälliger ist
dass scıon Pacuvius und C. Graccıus *progenii* und *luxurii* gescırieben haben sollen, da gerade nacı *i* aus Wohllautsgründen *ei* nicıt so leicıt zu
i sank (*progeniem genui*, *facta patris petiei* tit. Seip. des Prätors vom
J. 615); die übrigen von Cellius angefüırten Beispiele zeigen alle vorıer-
geıendes *i* wie *acii* und *specii* und reicıen bis auf Vergil dem er *dii* beilegt. Unter den Kaisern blieb überıaupt nur bei wenigen Nomina dieser
Art ein Genetiv in Gebraucı; wie, fragt Quintilian 1, 6, 26, soll *proge-
nies* im Singular, *spes* im Plural den Genetiv bilden? es gibt keinen oder
nur einen unerträglichen. Der vulgäre Gen. *Spenis* (wie Acc. *Ispenem*)
sei ıier erwäınt, um auf den eigentümlicıen Hang der römiscıen Volks-
spracıe ıinzudeuten, vocalische Grundformen durcı den Nasal in conso-
nantiscıe umzubilden wie *Tycenis Heuresinis Philemationis* (Jaın spec.
epigr. p. 96 und Ber. der sächs. Ges. 1861 p. 356), womit woıl auch

die plebejische Flexion *Eronis* für *Erotis* in Zusammenıang steıt; solcıe Stammerweiterungen mit *n* kommen scıon vor dem 8n Jahrh. vor, waırend die durcı *t* in *Afroditetis* oder *Ispetis* (Lupi epitapı. Severae p. 157), Producte eines halbgelehrten grieciiscı angesteckten Jargons, erıeblicı später fallen.

Bei den *o*-Stämmen ist im Genetiv, so weit die Gescıicıte des Latein reicıt, also scıon im 5n Jahrh. das Casussuffix mit dem Stammesauslaut zu *i* verschmolzen, *populi* dem umbriscı *puples* und *puple*, jünger *popler*, und *sui* dem oskiscı *súveis* entspricıt. Dies lässt zurückschliessen bis auf eine italiscıe Form *popolois* wie *Prosepnais*, wo nacı Scıwund des *s* und Contraction der Vocale, wie in zweisilbigem *mensai* und *diei*, der im Latein nur spärlicı erıaltene, in der *o*-Declination überall verwiscıte Dipıtıong *oi* in *i* übergieng wie im Nom. Plur. *poploi* in *popli*. Wie früı dieser Process vollzogen war, erıellt einmal aus der aucı von Lacımann zu Lucr. p. 245 beobacıteten Thatsache dass gerade die ältesten Denkmäler ausscıliesslicı *i*, nicıt *ei* als Genetivendung darbieten, sodann aus der steten Verscımelzung dieser Endung mit dem vorausgehenden *i* der *io*-Stämme, Gen. *consili* St. *consilio*, endlicı aus der im Anfang des 6n Jahrh. bereits eingetretenen Verkürzung des *i*, durcı welcıe volkstümliche Bildungen wie *Naepor* und *Marpor* (C. I. L. 1 n. 1539 *e* u. 1076) aus *Naei* d. i. *Gnaivi por* und *Marcĭpor* entstanden und welcıe nocı Plautus nicıt verwunden hat, der in Anapästen *Bacch.* 1167 *probrĭ pérlecebrae et persuastrices*, im Senar wenigstens *erĭ cóncubinast* zulässt. Auf den Inscıriften vor Lucilius ist *ei* unerhört: C. I. L. 1 n. 46 *Keri* 48 *Saeturni* 50 *Volcani pocolom*, 52 *Pomponi opos*, 32 *filios Barbati*, 104 und 151 *Curtia Rosci* und *Tapia Vestori*, 98 *Cordi mater*, im SC. Bac. *latini urbani sacri*, waırend der Nom. Plur. immer *virei oinvorsci foideratei* lautet, im genueser Scıiedssprucı vom J. 637 lediglicı *agri privati poplici casteli frumenti vini colendi anni primi* wie *senati*, waırend der Nom. Plur. zwiscıen *ceteri* und *invitei*, *qui* und *quei* scıwankt. *ci* steıt zuerst auf dem nacı dem J. 608 verfassten tit. Mummianus: *cogendei dissolvendei tu ut facilia faxseis*, wo icı vordem aus syntaktiscıen Gründen einen Copierfehler statt *cogentei* vermutet hatte; auf der l. repet. vom J. 631/2 *populei* dreimal, *suei* zweimal, *tribuendei* neben *Latini poplici quanti simpli dupli scribundi consili*; auf der l. agraria vom J. 643 *populi Romanei* 6mal, *populei Romanei* und *populei Romani* je 1mal, *populi Romani* 2mal, *agri* 25- und *agrei* 1mal, *locei* 10- und *loci* 4mal, *publicei* und *privati*, *colonei leiberei* und *Latini tanti*, *vinei oleive*, lediglicı *aedifici* und *iudici*. Hiernacı kann nicıt beıauptet werden dass durcı Aufnaıme des *ei* in Attius Zeit ein an den eıemaligen Dipıtıong erinnernder Mischlaut und etwas anderes als langes *i* ausgedrückt ward. Lucilius stützte sicı auf die Tradition des 6n Jaırıunderts, als er für den Gen. Sing. *i*, für den Nom. Plur. *ei* verordnete (Charisius p. 78 f.), obgleicı seine Tıeorie den ferneren Gebraucı von Geuctivformen wie *Marcei furtei utendei* bis ans Ende der Republik, in der l. Iulia munic. und bei Catull, nicıt aufgeıalten hat; Nigidius wiederıolte die Vorscırift *huius amici* oder *magni* mit blossem *i* zu bilden (Gellius 13, 26) und sie ward seitdem stets befolgt. Die Wahrnehmung dass bei den *io*-Stämmen das stammhafte mit dem casualen *i* vereinigt ward, verdankt man bekanntlich Bentley zu Ter. *Andr.* 2, 1, 20, eine sorgfältigere Ausführung Lachmann zu Luer. p. 325. Aus der Metrik der Komiker und der späteren Dichter ersah Bentley dass 'sub Augusti senescentis aetate' zuerst die in unseren Hss. meist untergeschobenen Genetive auf *ii* hervortreten anstatt *mendaci convivi flagiti benefici ingeni negoti peculi preti* welche der Vers verlangt. *i* überall haben Horaz Manilius Persius, *ii* Properz 2—3mal, öfter Ovid, Seneca und die späteren, obwohl auch diese wie Juvenal noch Contraction zulassen. Lachmann beobachtete dass. bei tribrachischen Wörtern schon die Sceniker dem zweisilbigen Genetiv wie *viti* aus dem Wege.gehen, Vergil sagt ganz ausnahmsweise *Aen.* 3, 702 *fluvii*, der Dichter des Moretum Germanicus Gratius *apii spatii Latii*. Varro glaubte, die Aufschrift *Plauti fabulae* hätte verführt Stücke eines Dichters Plautius dem berühmteren Sarsinaten beizulegen; Nigidius unterschied durch die Betonung vom Gen. *Valéri*, der unsres Wissens keinen andern Accent hatte, den Voc. *Váleri*; formelhafte Wendungen wie *res mancipi* und *nec mancipi* und seit Plautus *compendi face* überdauerten die Veränderung des Genetivs für alle Zeiten. Auch die griechischen Wörter werden ebenso behandelt, *Talthybi* Plautus, *gymnasi* Catull, *Panaeti* Horaz, selbst Ovid *Rhegi*; Pl. *glor.* 271 hat der Ambrosianus *Philocomásii custos*, aber unleugbar richtig die anderen Hss. *Philocomasio custos* wie *glor.* 1431 *Philocomásio amator*; *Palladii* bei Verg. *Aen.* 9, 151 in einem Vers den Schrader und Ribbeck für unecht erklären, würde nur ein zweites Beispiel der aufkommenden Neuerung bei Vergil sein; in den von Lachmann angeführten Versen des Ennius und Terenz erkenne ich noch eine Verschiedenheit der Locativ- von der Genetivbildung. Auf den republicanischen Inschriften *feili benefici conlegi cultrari portori* (Hübners Index p. 603), je einmal *conlegei* und in der l. Rubria *municipei*; die einzige Ausnahme von der Regel ist *ostiei lumen* in der vom J. 649 datierten Bauurkunde C. I. L. 1 n. 577, worin man nicht umhin können wird ein Zeichen mehr für die paläographisch ermittelte Thatsache zu erblicken, dass die Urkunde wie sie vorliegt in kaiserlicher Zeit restauriert ist. Aber gesetzt auch *ostiei* habe in dem puteolanischen Instrument des J. 649 gestanden, so wird doch niemand diese Ausnahme misbrauchen um handschriftliches *ii*, wo es dem Vers nicht geradezu widerspricht, durch die Umsetzung in *iei* zu schützen, z. B. *glor.* 478 *cónsiliei commisceam* statt *consili*, oder gar einen Senarausgang wie *glor.* 865 *meám partem infortúniei* herzustellen statt des in den Hss. wenig entstellten Gen. Plur. *infortunium*. Auch die augusteischen Denkmäler bieten fast ausschliesslich *i*, Augustus Regierungsbericht *congiari* und *divi Iuli* und *navalis proeli*, zum Theil mit emporragendem *i*, welches bloss die Länge bezeichnet und durchaus nicht *ii*, sowenig als in *consularI cum imperio* oder *reI publicae* oder *In saliare carmen*, derselbe Bericht aber einmal 4, 37 nach sicherer Ergänzung *magi[ster conleg]iI* wie das elogium 27 *auspiciI repetendi caussa*. Ob Verrius zum 23 Dec. seiner Fasten *Taruti* oder *Tarutii* schrieb, bleibt ungewis, da verschrieben steht *Tarutili* und zwar *l* sicher vor dem

Sc\luss-*i*. In Claudius Rede *Tarquini* und *Caeli*, aber *imperii* neben *im-peri*. Seitdem wiegen die aufgelösten Genetive vor wie die Dic\ter le\ren, aber die contrahierten sind nie untergegangen, *Septimi Severi* und *pro-pagat. imperI* und *Aureli Antonini piI* Or. 5493, *Porci Optati* Or. 5494, *Septimii Severi Pertinacis et M. Aureli Antonini* Or. 5496 usw. Mit dem wirklic\en sprac\gesc\ic\tlic\en Hergang stimmt nic\t rec\t die Ueberlieferung des Charisius, wonac\ Varro bei Nomina wie *Lucìus Ae-milius* den Genetiv auf doppeltes *i* befo\len und zugesetzt *vocativum quoque singularem talium nominum per duplex i scribi debere, sed propter differentiam casuum corrumpi*, wonac\ Plinius zwar die Ver-nünftigkeit des Gen. *Lucii* eingeräumt, aber zugesetzt *multa iam con-suetudine superari* (p. 78, 6 und 79, 2): dergleic\en Vocative Sing. *Lu-cii pii* sind mir nic\t bekannt. Von den Substantiven hat der Gebrauch die Adjectiva unterschieden. Zwar das ancyraner Denkmal sc\reibt auch *auri coronari* wie *Iovis Feretri*, aber in der Litteratur finden Seneca's *numen Epidauri dei* und Juvenals *nominis Appi* nic\t i\res Gleic\en, *Feretri Iovis* bei Properz wird als eine Art Beiname leic\ter entsc\uldigt, kein Autor sagte und sc\rieb anders als *patrii numinis*. Das vergilische *fluvii* erklärt Lac\mann aus der adjectivischen Geltung des Wortes nac\ Fem. *fluvia* bei Attius und Sisenna, ebenso o *mihi nuntii beati* Catullus 9, 5 gleic\ ὦ τοῦ εὐαγγελίου vom Nom. *nuntius* oder *nuntium*, und ic\ se\e \ier keinen andern Weg der Erklärung, wenn man nic\t den Zeit-genossen Varros eine bewuste Abweic\ung vom Herkommen sc\lec\t\in beimessen will. Die Untersc\eidung der Adjectiva sc\eint keinen tieferen Grund zu \aben als das Streben der Sc\riftsprac\e nac\ Deutlic\keit; *arbitratu Cn. Laetori magistrei pageei* im Besc\luss des pagus Hercu-laneus vom J. 660 (C. I. L. 1 n. 571), wo *ex lege pagana* vorange\t, ist wo\l nur durc\ Verse\en gesc\rieben für *pagei* wie im Bauernkalender December *tropaeae* für τροπαί. Wo das *i* vor der Nominativendung *us* consonantisch war, ward es ebenfalls mit dem casualen *i* verschmolzen wie *Pompei* in Augustus Regierungsberic\t; aller Wahrscheinlichkeit nac\ existierte alt *hominis plebei* und *plebeiei*. Da *Pompeiius* nic\t un-gewöhnlich war, so sollen einige der späteren Regel gemäss *Pompeiii genetivum per tria i* gesc\rieben \aben *ut si dicas Pompelli, nam tribus i iunctis qualis possit syllaba pronuntiari? quod Caesari placitum a Victore quoque comprobatur* (Priscian 1 § 19). Bei den Scenikern ist der Gen. *mei* einsilbig wie bei andern Dic\tern *Pelei* und *Promethei* zwei- und dreisilbig; Nigidius Worte *mei qui scribit in casu interro-gandi velut cum dicimus 'mei studiosus', per i unum scribat, non per e, at cum mihei, tum per e et i scribendum est, quia dandi casus est* (Gellius 13, 26) geben keinen andern Sinn als den dass im Gen. Sing. *mi* zu sc\reiben sei (vgl. Voc. Sing. und Nom. Plur.), *mei* aber dem Dativ vorbe\alten werde. Africaner ne\men es mit Barbarismen wie *lector meis carminis* nic\t zu genau. Wunder nimmt der Genetiv nac\ der *o*-Flexion bei Eigennamen deren Nominativ auf *es* endigt, und zwar griec\isc\en, von denen *Achilli* und *Vlixi* auf Grundformen *Achilleo* und *Vlixeo* zu-rückgeführt werden könnten, aber nic\t *Carneadi Aristoteli Chremi* (bei

Terenz *Andr.* 368, Cicero und sonst); so auch *aerumnas omnis Herculi*
und *Herculei labos est* Plautus und Catullus, *filium Verri* Cicero (Probus
p. 28, 20 K.), durcı ϲυνεκδρομή, wie das letzte Beispiel klar macıt,
mit den römiscıen Gentilnamen und mit grieciiscıen Genetiven wie
Καρνεάδου.

Beim persönlichen Fürwort geıen die ecıten Genetive *mis* und *tis*,
von den auch im Dativ zu Grunde gelegten Stämmen *mi* und *ti* mit Deı-
nung, in Plautus Zeit verloren; *sis* von Priscian vorausgesetzt, ist nicıt
nacıweisbar. Im gemeinen Gebraucı sind statt jener die Genetive des
Pronominaladjectivs *mei tui sui*. — Ganz eigentümlicı dem Latein ist
die Genetivbildung bei den geschlechtigen Fürwörtern: der Stamm wird
durcı *i* erweitert und nimmt das Suffix *us* an; in den zweisilbigen Formen beıält *i* consonantische Geltung, in den meırsilbigen wird es rein
vocalisch; diese Genetive dienen dem Masculinum und Neutrum sowoıl
als dem Femininum. Also *quoius* vom St. *quo*, auf republicanischen Inscıriften nie anders, aucı im elogium 29, dann *cuius*; dreisilbige Messung darf nicıt angenommen werden, der Saturnier der Scipionengrab-
scırift ist zu scandieren *quoiús formá virtútei párisumá fúit*; bei Lucrez
1, 149 *principiúm cuius hinc nobis* kann man Verkürzung der sonst
langen Stammsilbe seıen oder Reduction auf éine Silbe (vgl. Lacımann
zu d. St.); letzteres ist bei den Scenikern ganz gewöınlicı, indem *u* her-
ausgedrängt und so die Endung fast ganz zerstört ward, kretiscıes *quoius-
modi* (z. B. Pl. *Men.* 575) unterscıeidet sicı nicıt von dem geradezu so
gescıriebenen *quoimodi* wie regelmässig *cuicuimodi*; *quoi fides fidelitas-
que* steht in den Bücıern des Plautus *trin.* 1126 für *quoius*, wohl aucı
cui non misertus ego (Inscırift bei Renier 2074) als Genetiv; mit blossem Schwund des *s* Lucrez 2, 1079 *aliquóiu siét saecli.* Ferner *hoius,
hoiusce*, im Tempelgesetz von Furfo (C. I. L. 1 n. 603) vom J. 696 *hoius-
que aedis*, aber gleicı darauf *aedis huius* nacı Mommsens Verbesserung
von *humus*, unter Augustus (C. I. L. 1 n. 1409) *huius rogationis ergo*;
huiusmodi als Dactylus, da aucı der Gen. *modí* kurz ward, Pl. *glor.* 1023,
huius est wie éine Silbe also gleicı *hoist* Stich. 50. Ferner *eius*, oft
eiius gescırieben (*uxor eiius* und *nura eiius* Reniers Inschr. 3575, in
Hss. nicht selten verderbt und von Herausgebern nicıt verstanden wie
Cic. *ad Att.* 1, 1 zu Ende *miserrimo eiius tempore* und *ut totum gym-
nasium eiius* ἀνάθημα *esse videatur*) oder *eIus* um den *i*-Laut zu beiden
Silben zu zieıen (Scımitz stud. orthoepica Düren 1860 p. 12 ff.), zu Gal-
lienus Zeit aucı *aeius* (Or. 1009); in Ciceros Hexameter *de d. nat.* 2 § 109
átque eius ipse manet religatus corpore toto, wo ein alter Corrector
ēius et änderte, gleicıfalls einsilbig in der alten Volks- und Büınen-
spracıe. Die Genetive *illius istius ipsius utrius alius totius solius* usw.
werden aus *illoius* entstanden sein durcı früıe Vereinigung des *i* mit *o*
zum Dipıtıongen und Trübung desselben; *ipseius* eine asiatiscıe Inschr.
Or. 6338, auch eine rıeiniscıe, dasselbe meint woıl eine cıristlicıe aus
Algier mit *frater ipsieus* (Renier 3446). Bei Plautus *illius* bereits Tri-
brachys wie Ampıimacer, *illiust* und *ilíus est* (*glor.* 986 und 987), *prac
ilíus forma* (*glor.* 1170); die daktyliscıe Prosodik konnte nur *álteríus*

brauc1en, Lucrez hat *totīus*; da Cicero *de or.* 3 § 183 in *si Quirites minas illius* einen kretisc1en Eingang der Rede findet, sc1eint in der gewöhn-lic1en Aussprache dieses Wortes damals die Kürze durc1gedrungen zu sein, wä1rend bei den meisten die Länge sic1 er1ielt; Quintilian 1, 5, 18 fand *unīus* nic1t *extra carmen, solius* und *neutrius* kommen nirgends verkürzt vor. Wie *quoius* einsilbig, so ward *nullius* bei den ältesten zweisilbig; als Spondeus, folglic1' metrisc1 gleic1 *nulli* ste1t dies *Pseud.* 1196 *nullīus colóris* wo daktylisc1e Messung _ ᴗ ᴗ gegen den Verston verstösst; durc1 diese Zusammendrängung entstanden die zweisilbigen Formen *isti modi* und *illi modi* bei Plautus und Cato, *ạli rei causa* und nic1t *alii* für *alius* bei Cälius Antipater, *satias toti familiae* bei Afranius. Hiermit 1ängt nic1t zusammen der Umsc1lag aus der pronominalen in die nominale Declination, wie regelmässig *neutri generis*, sc1werlic1 aus *neutrius* sondern wie *masculini*, nic1t selten beim Femininum, *gnatae alterae* Ter. *Andr.* 983 und *utrae unae ullae totae* laut Grammatikern, aber nie *eae*.

Genetiv des Pluralis.

Ursprüngliches Suffix *ām*, gräcoitalisch *om*, woraus griec1isc1 ωv ward, italisc1 zumeist *um*, oskisc1 *Núvlanum* und *Tiiatium*, umbrisc1 *puplum* und *fratrum* aber jünger *poplom* und *fratrom*, im Latein 1ielt sic1 *om* über den Anfang des 6n Jahrh. 1inaus nur nac1 *u* und *v*. Für den Voċal vor *m* war die Länge überkommen, da1er mit Hiatus Ennius *milia militŭm ócto*. Von consonantischen Grundformen *bovom* noc1 bei Vergilius *georg.* 3, 211 nac1 handschriftlichem Indicium, *boum* bei Lu-erez und Varro, in Hss. auch *bouum* für eine jener Formen (z. B. in Halms Cicero Bd. 4 p. 795, 29); *iudicum frugum principum peditum capitum prolationum fulminum pugilum matrum maiorum scelerum.* Ganz eigene Formen fü1rt Varro *l. l.* 8, 74 an, *boverum greges* und *Ioverum signa*, und aus den Annalisten Charisius p. 54, 25 *nucerum regerum lapiderum*, sc1werlic1 für *bovi-rum*, sodass das bei den Pro-nominal- und *a*-Stämmen aufgenommene Suffix *sum, rum* einst auch der *i*- und consonantischcn Declination sic1 mitgetheilt 1ätte; vielmehr, da auch im Gen. Sing. *sueris* für *suis* bei Plautus vorkam, sc1eint *er* nic1t Casus- sondern Wortbildungssuffix, *bover suer lapider* erweiterte Grund-form neben *bov su lapid* oder besser *bovi sui lapidi*, wie *vir sper* in *vires speres prospere* neben *vi spe* oder besser Gen. Sing. *puberis cucumeris acipenseris* neben *pubis cucumis acipensis.* Von *i*-Stämmen, die zum.Theil nur in diesem Casus als solc1e sic1 bewä1ren, *aedium omnium testium civium navium aurium animalium gentium lilium ar-tium imbrium.* Die Verwirrung von Grundformen auf *i* und consonanti-schen, das Sc1wanken der Endung zwisc1en *ium* und *um* hat die ganze Latinität über gedauert; die alten Grammatiker, um feste Regeln bemü1t, widersprachen sic1 in vielen Punkten, wie Charisius darthut: Cäsar ver-langte *panium* aber Verrius *panum*, Cäsar *partum* aber Plinius dem

Spracıgebrauci gemäss *partium*; die mehr aus der Uebung seiner Zeit
als aus erscıöpfender Sammlung des Materials abstrahierten Vorscıriften
Priscians stellt Struve (über die lat. Decl. u. Conjug. p. 33 f.) kurz zusammen. Wie weit der Usus bei einzelnen Wörtern, ja Wortclassen sicı
consolidiert ıatte, lässt sicı oıne alle einscılägigen Beispiele kaum vor-
füıren. Dabei sind zuvörderst die inscıriftlicı, durcı Grammatiker, me-
trisci garantierten Formen zu sondern von den übrigen ıandscıriftlicıen
Zeugnissen, die bei prosaiscıen Scıriftstellern keine sicıere Grundlage
abgeben. In Plautus *glor.* 262 und 297 ıaben BCD *familiarum,* das für
den Vers nötige *familiarium* ward erst in A gefunden; *Bacch.* 41 *haut
meretricium est* änderten die meisten Abscıreiber in *meretricum est*, indem sie das Adjectivum verkannten, denn der Gen. Plur. lautet allerdings
meretricum Bacch. 563, *meritricum* bei Verrius in dessen Fasten 25
April; *Stich.* 4 ist *absentium* in A, *absentum* in BCD, und interessant
genug je nacı der Genetivform in beiden Recensionen der Vers gemodelt,
in der einen *abséntium íta ut aéquom est,* in der andern *abséntum ut ést
aéqum*, der Verdacht der Fälscıung keırt sicı gegen die erstere Recension, obwohl *Stich.* 220 *praesentium* steıt; *Men.* 355 hat die beste
Hs. *amantium*, die andern *amantum*, womit sicı der wünschenswerthe
Parömiacus ıerstellen lässt *inlécebra animo sit amántum*, und derselbe
Genetiv begegnet *Pseud.* 66, *most.* 171, *glor. arg.* 2, 11 und V. 625,
während Terenz *Andr.* 218 *amentium haud amantium* sagt. Also wo
ıandschriftlicıer Ueberlieferung das Correctiv feılt, wird man beıutsam
zu Werke geıen und nacı Analogien umscıauen müssen. Bei den Nomina, deren Sing. Nom. und Gen. die *i*-Form zeigt, war *ium* allzeit zulässig, meist vorıerseıend, ausgenommen *canum* und *iuvenum: apum*
neben *apium*, bei Cicero und andern *sedum caedum vatum, mensum* bei
Plautus und Ovid, *mesum* Inschr. bei Faır. 31, 59, *caelestum agrestum*
bei Vergil, *Thermesum* zweimal in der lex Antonia vom J. 683 neben
viermaligem *Thermesium* oder *Termensium*, aber *Vticensium Caeninen-
sium Viennensium* auf Inscıriften aus Graccıus Augustus Claudius Zeit;
Neptúnum regnatorem márum Nävius in einem Saturnier, dessen Scıluss
freilicı vorliegen müste um dem Gewäırsmann unbedingt zu glauben,
insularum Baliarum Inschr. bei Gori 2, 46. Man kann zugeben dass
bei der kürzeren Genetivbildung *tribunus Celerum, volucrum, comparum*
aucı eine gewisse Abneigung den Accent von *céleres* zu ändern mit-
gewirkt hat, aber die Bedeutung welcıe Reisig (Vorles. p. 93) dem Accent
beizulegen geneigt war, wird nicıt nur durcı die Dative, sondern aucı
durcı mancıe Genetive, wo der Ton gegen die übrigen Casus nacı der
gemeinen Accentuation um eine Silbe vorrückt, auf das entscıiedenste
bestritten. *ium* näıert sicı durcı Synizese dem blossen *um*; bei Plautus
nicıt nur in Anapästen *hic homóst omnium hóminum praecipuos (trin.*
1115), sondern aucı im Septenar *Stich.* 526 *ómnium mé exilem átque
inanem* (Ritschl prol. trin. p. 134 will lieber ŏmnium anapästiscı messen),
im Senar eines kaiserlicıen Militärbeamten Or. 5863 *spicifera iusti in-
ventrix úrbium cónditrix.* Bei sonst consonantisch flectierten Nomina
wird die Nebenform *ium* nie oder fast nie angetroffen bei *n- r- s*-Stämmen

wie *ordinum epulonum patrum doctorum morum maiorum* (aber *virium*
und *conplurium*), dagegen öfter bei Guttural- und Labialstämmen, besonders bei einsilbigen wie *mercium*, aber auch *radicium* naci Plinius
Gebot, *scalprorum fórcipiumque* Lucilius und *municipium* in amtlicien
Urkunden aus Cäsars und Domitians Zeit, adjectivisch *felicium* aber *sup-
plicum*, naci Priscians Meinung zur Differenzierung vom Substantivum
supplicium. Die grösten Sciwankungen zeigen sici bei Dentalstämmen:
compédium tritor Plautus, regelmässig *ancipitium*, wäirend im Sing.
Nom. die Grundform bis auf *ancep* verkürzt ist; *Langatium* und *Genua-
tium* wie *Langensium* und *Genuensium* im J. 637, *Penatium* und *civitatium* in Augustus Regierungsbericit, *procurator hereditatium* als stän-
diger Amtstitel, sodass bei dieser Endung *ium* den Vorzug verdient; für
servitutium mangelt ein sicierer Beleg aus älterer Zeit, denn bei Plautus
Persa 418 ward recit überliefert *stabulum servitricium*, eine Adjectiv-
bildung wie *meretricius*, an deren Analogie das iäufige *victricia arma*
sici anleinte; *Samnitium* elogium 27, *Interamnitium* I. R. N. 6164, aber
Interamnitum dort 6152, *locupletium* in Claudius Rede, aber bei kurzem Vocal vor der Endung *divitum* und *segetum*, denn in dem Disticion
aus Tarragona *si nitidus vivas, eccum domus exornata est: si sordes,
patior, sed pudet, hospitium* ist der Gen. Plur., an den jemand gedacit
hat, nacidem ici den Nominativ des Neutrum früier mit *pudet* construiert
(Fleckeisens Jahrb. 1863 p. 777), dem Sinne naci unpassend statt des
Sing., in jener Form auch nur durci ein paar iandscriftlicie Varianten
beglaubigt, welche erst in Verbindung mit zuverlässigeren Quellen Werti
erlangen würden; die Stämme auf *nt*, Participia und Adjectiva, iaben von
Alters her neben der consonantischen Form *ferentum* wie φερόντων
die *i*-Form *ferentium*, bei den Daktylikern regelmässig die consonantische
wie *induperantum animantum balantum carentum rudentum sapien-
tum* bei Ennius Lucrez Vergil, weil sici *animantium* weniger dem Hexameter anbequemt, aber auci in den Lyrica des Catull und Horaz *sonan-
tum imminentum fugientum*, auf alter Inschr. C. L L. 1 n. 1241 *deis inferum parentum*, auf einer andern I. R. N. 5020 *committentum*; anderntheils
scion bei Plautus Cäcilius Terenz *amantium* neben *amantum*, *adules-
centium* und *parentum* usw. Die seit Seyferts Spracieire eifrig fortge-
pflanzte Tieorie, dass *um* für *ium* eintrete bei Eriebung der Adjectiva
oder Participia zu Substantiven, muss den Römern woil nicit bekannt gewesen sein, da sie sonst nicit so viele Feiler dagegen gemacit iätten,
nicit allein Plautus sondern selbst Horaz, die so gut wie *cluentum* oder
clientum auch *gerentum* und *recentum* sagen. Wäirend bei den letzt-
gedaciten Stämmen das Latein wenigstens seit dem 6n Jahrh. abweiciend
von den verwandten Spracien auch die *i*-Form aufnaim, bildete es abweiciend von den etymologisci verwandten Wörtern den Gen. Plur.
alitum auch naci den *u*-Stämmen, *alituum* bei Lucrez und Vergil cio-
riambisch; bei dem inscriftlicien *virtutuum* (Fair. 688, 99 und Or.
896 corrigiert von Henzen p. 94), *fratruum* (Renier 1430 und 4025)
und dem wiederiolten iandscriftlicien *mensuum* (Haupt in Mommsens
iuris Anteiust. fr. Vatic. p. 370, 26) zweifle ici seir dass *uu* Deinung

des Vocals anzeigen sollte. In der lex Antonia steht neben *Thermesum* und *Termensium* einmal *Thermensorum*, und dieser Metaplasmus war häufig bei einer Reihe von Neutra, griechischen wie *poematorum*, lateinischen wie *Compitaliorum vectigaliorum anciliorum* bei Cicero und Horaz von Grundformen auf *io* statt der gewöhnlichen auf *i*, bei Lucilius *surpiculique holerórum* wie Cato *holeris* für *holeribus* hat, später in der Volkssprache *pontificorum* (Fabr. 419, 378) und *mesoru* für *mensum* (Fabr. 397, 282) oder mit verdumpftem Vocal *mesoro* und in griechischer Schrift μηϲωρων (Lupi epit. Sev. p. 5 und 188), letzteres in der Endung gleich dem Gen. Plur. *soporantion* bei Renier 3253.

Bei den *u*-Stämmen wird sich *om* allen Analogien zufolge länger gehalten haben, *magistratuom* wie Gen. Sing. *magistratuos*, wenngleich unsere Hss. es schon bei älteren Autoren in *um* umgesetzt haben, *fructuum, mánuum móllitudine* u. a. Durch Contraction *pass̆um* bei Plautus *Men.* 178, Lucilius, Martial, *currum* bei Vergil, *trium exercitum* in Augustus Regierungsbericht. Nach der *o*-Declination Laberius *versorum, noenu numerum* (oder *non numerorum*), *numero studuimus* wie ein anderer Komiker *cum tragicis versis*, plebejisch *spiritorum magistratorum* (Lupi p. 188).

Das *o* der *o*-Stämme fliesst mit dem Casussuffix zusammen, alt *deom* wie griech. θεῶν, so auf den ersten Münzen C. I. L. 1 n. 1 *Romanom*; diese Endung blieb nach *u* und *v*, noch unter Sulla *maiorum*] *sovom leibertatem* C. I. L. 1 n. 588, *duomvir* ein aus dem ursprünglichen Genetiv erwachsenes Nomen 1107 und 1341; *duumvirum* neben *duovir(um)* und *duoviralium* in dem Baudocument von Puteoli ist dem Datum des J. 649 nicht angemessen, *senatorum duum* Fabr. 266, 8, *duum* Inschrift von Lyon bei Boissieu 526, 114, Fronto p. 137 N. in Nävlus Art; *divom* oder *dium* in den Hss. des Plautus *merc.* 842. Seit dem 6n Jahrh. *um*, inschriftlich *Veiturium inferum serrarium fabrum deum sestertium* und constant *II* oder *III virum*, bei Plautus noch ungemein häufig *nostrum socium, deum fidem* und *deum virtute* und *deum atque hominum, maiorum meum* und *meum parentum* und *vestrum familiarium, liberum* neben *liberorum most.* 120 und 121, *doctum hominum, ceterum verbum sat est* wie bei Ennius *commodus paucum verbum*, namentlich *nummum aureum Pilipum numeratum* bei vereinzeltem *nummorum* (*trin.* 152), wie auf Inschr. regelmässig *viginti millia nummum* und *centumilia nummum* (ann. dell' inst. arch. 1856 p. 24, 138 und Fabr. 85, 152), auch bei Terenz *amicum* und *advorsarium* wie *nostrum liberum, maiorum suom, deum* oder *divom* und *talentum*, bei Lucrez meist in längeren Worten *montivagum squamigerum horriferum consanguineum* wie *deum* und *Graium*, bei Catull *virum*, Vergil *omnigenumque deum*, Horaz *deum* und *nummum*, ebenso noch später z. B. *proque prole posterum* im pervigilium Veneris. Die Prosa bewahrte *um* als regelmässige Form bei metrologischen Angaben, *nummum denarium modium iugerum*, nach alter Ueberlieferung in Titeln wie *praefectus fabrum* (aus Servius Classenordnung *procum patricium*), *triumvirum sevirum quindecimvirum* 'einer der Dreimänner' bei Cato Livius Tacitus, zu allen Zeiten, besonders beliebt auf africanischen Inscıriften (rıein. Mus. 11, 527), *duo et octoginta templa deum refeci* sagt Augustus; aber wenn Sıılpicius an Cicero scıreibt *tot oppidum cadavera* im Gegensatze zu *si quis nostrum (ep.4, · 5, 4)*, so galt diese Form den damaligen Redemeistern für veraltet. Mit Scıwund des auslautenden *m* auf Münzen des 5n Jahrh. *Romano Caleno Paistano Aisernino*, daıer aucı fernerıin *duovir*, indem das Casusverhältnis nicıt meır bewust war und andere Bildungen, Nom. Plur. *duo viri*, einwirkten. *Aisernio*, wie andere Münzen der Colonie Aesernia scıreiben, wird vielleicıt ricıtiger auf einen *i*-Stamm zurückgefüırt; das seltene *Aisernim* (C. I. L. 1 n. 20) maınt an die Nacıbarscıaft des Oskischen, wo *u* unterdrückt ist in *Safinim* (lat. *Sabinorum*), wenn auch im Latein *alios alis* analog ist; die Münzaufscırift *Tiati* kanı ıiernacı für *Tiatim Tiatiom* steıen. Auffällig bei Plautus *Stich.* 383 *unguenta mulligenerum multa*, was von *multum*, *multu generum* ıergeleitet werden muss.

Von den *a*-Stämmen ıaben nur männlicıe das Suffix *um* angenommen, das mit dem Stammesauslaut verscımolz; Belege sind die Composita deren zweites Glied *cola* und *gena* ist bei Dicıtern, *agricolum terrigenum*, und Namen wie *Aeneadum genetrix* oder *gentem Lapithum* woıl unter dem Einfluss der griecıiscıen Declination aucı nur bei Dicıtern; denn der Gen. *Metropolitum* bei Cäsar *b. civ.* 3, 81, wo Nom. Plur. *Metropolitae* vorıergeıt, mit zwei oder drei verwandten Beispielen in Prosa wird eben wegen der Seltenıeit dieser Bildung besser als Heteroclitum nacı Art von *Quirilum Samnitum* betracıtet denn als identiscı mit *Metropolitarum*. Offenbar griecıiscı sind *amphorum* und *drachmum*, die einzigen weiblicıen Genetive dieser Art, die obendrein vor Varro nicıt vorzukommen scıeinen, deren Einfüırung durcı *talentum sesterlium* u. ä. erleicıtert ward; bemerkenswerth ist dass das distributive Zaılwort seine gewöınlicıe Genetivform aucı in Verbindung mit einem Femininum beıält, *amphorarum septenum* bei Columella 12, 28 statt *septenarum*; dagegen *drachumarum Olympicum* bei Pl. *trin.* 425 ist neuerdings beseitigt, *duum rerum* ebenda 1052 statt des ıandscıriftlicıen *duarum* war verfeılt. *trinum noundinum* (SC. Bac.), ursprünglicı Genetiv und als solcıer nocı von Cicero *de domo sua* 16, 41 durcı die Gegenüberstellung von *trium horarum* bezeicınet, dann wie ein eigenes ungeschlechtiges Nomen beıandelt, wird nicıt auf *nundinae* zurückgeıen, ıas den neunten Tag selbst ausdrückt wıe *nonae kalendae*, sondern auf *nundinum* ıas woıl von Alters her den Zeitraum zwiscıen zwei *nundinae* ausdrückte (*decemviri cum fuissent arbitrali binos nundinum divisum habuisse* Varro bei Nonius p. 215); in den Lexicis feılt eine dritte Form *nundinium* 'Markt' (algiersche Inschr. vom J. 202 n. Cı. bei Renier 4111 *pecora in nundinium immunia*). Im Vers des Ennius *optima caelicolum Saturnia* tritt natürlich das weiblicıe Genus ıinter das männlicıe zurück wie in dem des Calvus *pollentemque deum Venerem*.

Bei den weiblicıen *a*- und den *e*-Stämmen, desgleicıen gewöhnlich bei den *o*-Stämmen ist das Suffix *rum*, vor welcıem der Vocal gedeınt wird, *filiarum filiorum*. Aus Vergleicıung des griecıiscıen θεάων war längst auf graccoitalisches *som* gescılossen; dies bestätigt der oski-

scie Gen. Plur. *egmazum* (lat. *rerum*), wäirend im Umbrischen bereits
wie im Latein *s* in *r* verwandelt ist: *menzaru* (lat. *mensarum*); das ursprüngliche *sam* ist im Altindisc1en auf die pronominale Declination be-
sciränkt, da naci Zersetzung der Ursprac1e das Bedürfnis, den Gen.
Plur. der *a*-Stämme durc1 ein volleres Suffix von anderen Formen zu
unterscieiden, beim asiatiscien Sprac1zweige zu einem versciiedenen
Modus gefüirt hat. Wir dürfen demnaci im Hinblick auf die römisc1e
Lautgeschichte anneimen dass älteres *mensasom* seit den Samniterkriegen
in *mensarom*, seit dem ersten punisc1en in *mensarum* übergieng. So
alle andern *a*-Stämme, männlic1e wie weiblic1e. Von *e*-Stämmen waren
nur *dierum* und *rerum* in Gebrauc1, Cato 1atte *facierum* gesagt, Cicero
top. 7, 30 versc1mä1t und bezweifelt die Latinität von *specierum* und
speciebus, Quintilian 1, 6, 26 will keinen Gen. Plur. von *spes* kennen;
der alte Sprac1geist erstarb, als Appulejus und Eumenius *specierum spe-
rum* und ä1nlic1e Genetive zu Tage förderten. Das vollere Suffix ward
auc1 auf die *o*-Stämme übertragen: das früieste Beispiel ist, vielleic1t
nic1t zufällig, das Pronomen *olorom* auf der Duelliussäule, dann *duonoro*
für späteres *bonorum* auf dem tit. Seip. um das J. 500, im SC. Bac. begegnet me1rmals *eorum*, aber ausser diesem und *trinum noundinum* nur éin
Gen. Plur. *ceivis Romanus neve nominus Latini neve socium quisquam*,
in welcher Formel nic1t bloss die lex agraria sondern auch Livius regelmässig den kürzeren Genetiv brauc1t. Mit der Entwicklung der Litteratur
sc1eint die jüngere Bildung sic1 me1r und me1r ausgebreitet zu 1aben,
da sie bei Plautus sc1on vorwiegt, im Sc1iedsspruc1 der Minucier unter
drei Fällen zweimal *Veituriorum Vituriorum*.

Der Gen. Plur. wird beim persönlic1en Pronomen wie der Gen.
Sing. vom Possessivpronomen entlehnt, *nostri* und *vostri* oder *vestri*,
eigentlic1 'des unsrigen', für das Reflexivum wieder *sui*. Alt C. I. L. 1 n.
1220 *et nostri voltus derigis inferieis* wo man *nostris* erwartet, unter
Alexander Severus *fascibus annus is nostri datus est* Or. 5758*a*, wo-
durc1 man auf die Vermutung gebrac1t wird verderbte Verse bei Plautus
wie *trin.* 601 *postquam éxturbavit hic nos ex nostris aedibus* durch
Herstellung von *nostri* zu 1eilen (vgl. *Pseud.* 4 und Gellius 20, 6, 10).
Da *nóstri* und *vostri* Singulare sind, so muss wo der Mehrheitsbegriff
1eraustreten soll, beim Zusatz eines andern Plurals und bei Theilung der
im Pronomen zusammengefaszten Personen, der Plural desselben Adjec-
tivs angewandt werden, *duo duum nostrum patres* und *aliquis vostrum*,
naci des Sc1riftstellers Belieben auc1 *contentione nostrum* und *maiores
vostrum* bei Cicero und Sallust. Das 6e Ja1r1undert bedient sic1 dabei
der kürzeren oder längeren Genetive, *nostrorum nemo dignus est* und
maxima pars vostrorum, im letzteren Falle natürlich wo bloss weib-
lic1e Personen in Betrac1t kommen *neutram vostrarum*; die classische
Periode, welc1e durc1weg die Klar1eit der Rede durc1 versciiedene Fixierung der einen und der andern Form fördert, nur der kürzeren. — Bei
den geschlechtigen Pronomina *eum antiqui pro eorum* naci Festus, und
dieser Genetiv wird in der alten Formel *eum h(ace) l(ege) n(ihilum) r(o-
gato)*, wo sonst Sing. *eius* ste1t, noc1 in der lex Iulia munic. Z. 52 ge-

funden, sonst ausschliesslic1 Masc. Neutr. *eorum* wie Fem. *earum*, bei
den Dramatikern zweisilbig wie *eorundem* bei Ennius *ann.* 206 dreisilbig; *horunc alterum* C. I. L. 1 n. 1007, *harunc Baccharum* bei Plautus
und Terenz, *harunce aedium* Stich. 450, *harunce rerum* Cato *r. rust.*
139, immer o1ne Affix *istorum illarum*, *quorum quarum.* Charisius
p. 162, 2 und 7 gibt einen Gen. *cuium* für Masc. Neutr. an und zwar
als regulären Genetiv zum Indefinitum Nom. Plur. *ques*; dies *quoium*
entspric1t einerseits dem Sing. Gen. *quoius* wie Plur. *hominum* dem Sing.
hominus, und fällt anderseits zusammen mit dem Plur. Gen. des Pronominaladjectivs *quoius* wie *nostrum.* Plautus *trin.* 533 *neque úmquam
quisquamst, quoius ille ager fuit, quin péssume ei res vorterit; quoium
fuit, alii éxulatum abierunt alii emortui,* wo man o1ne Künstelei nur
den Gen. Plur. verste1en kann. In der lex agraria Z. 9 *neive quis facilo
quo quoius eum agrum esse oportet, eum agrum habeat* und Z. 10 *neive
quis ferto quo quis eorum, quoium eum agrum esse oportet, eum agrum
habeat,* was ic1 wie bei Plautus erkläre, obgleic1 in der sonst verstüm-
melten Stelle Z. 8 *quoium* auf *eum* folgt und in der lex repet. Z. 5 ge-
sc1rieben ist *quoius nomen delatum erit aut quoium nomen ex reis
exemptum erit, seiquis eius nomen* usw. Charisius hat in sofern Rec1t,
als der Genetiv verallgemeinernde Kraft zeigt, wie einst *eum quis volet
magistratus multare liceto* gegenüber dem in unseren Gesetzen dafür
angenommenen *quei volet.*

Ablativ des Singularis.

Bei der Bildung dieses Casus, der im Latein das Wo1er und Wo1in,
Womit und Wodurc1 ausdrückt in *Roma isto curru vi*, und überhaupt so
versc1ieden nuancierte Ver1ältnisse, dass man ihn den parataktisc1en Casus
κατ' ἐξοχήν nennen möc1te, der nic1t die Unterordnung des betreffen-
den Nomen unter ei1 Verbum oder ein anderes Nomen sondern bloss die
Unselbständigkeit und allgemeine Ab1ängigkeit desselben im Satzgefüge
darstellt, war das c1arakteristisc1e Element der Laut *t*, so wie bei der
Genetivbildung das *s*-Zeic1en. *t* ward im Italischen, welches sic1 durc1
Bewa1rung des Ablativs vor dem Griec1isc1en auszeic1net, zu *d* erweic1t:
oskisc1 *egmad sakaraklúd slaagid*, lateinisc1 *praidad pucnandod coventionid.* Wä1rend das Oskische dies ablativische *d* stets er1alten, hat das
uns bekannte Umbrisc1e es bereits gänzlic1 verloren, *tuta* gleic1 osk.
toutad, puplu gleic1 lat. *poplod, kvesture*; im Latein verliert sic1 der
sc1wac1 auslautende Consonant seit dem 6n Jahrh., den Anfängen der
Litteratur. Die Duelliussäule vom J. 494, wie sie Quintilian auf dem
Forum sah und das auf uns gekommene Fragment, gibt keinen Ablativ
o1ne *d*, ja ebenso noc1 der Erlass über die Bacchanalien vom J. 568 bis
auf die am Sc1luss mit anderer Sc1rift nac1getragene Ortsangabe *in agro
Teurano.* Die zu Anfang des 6n Jahrh. verfasste Scipionengrabschrift
C. I. L. 1 n. 30 bietet *Gnaivod patre prognatus*, etwa gleic1zeitig 181
quaistores aire moltaticod dederont, wodurc1 die Vermutung na1e gelegt wird dass der Sc1wund des *d* von den consonantischen Stämmen

und solchen Verbindungen mehrerer Ablative ausgieng. Auf den Urkunden des 7n Jahrh. ist *d* bis auf ein paar Beispiele erstarrter Ablative verschwunden; wenn in den Fasten von Amiternum nach dem J. 769 *eod die* zum 2 August geschrieben ist neben *eo die*, bei Roissieu inscr. de Lyon p. 477 *prod* für *pro*, so sind das mehr Schreibfehler als versprengte Archaismen. Nun mag man immerhin behaupten dass der Amtsstil sich durchweg länger im hergebrachten Geleise fortbewege, Dichter aber und Schriftsteller im einzelnen der Sprache ihrer Zeit vorauseilen, dies Facit bleibt dass im 6n Jahrh. die Bildung des Abl. mit *d* neben der jüngeren hergieng, und wenn Nävius Plautus Ennius nicht absonderlichen Grillen nachjagten, so müssen auch sie die ihren Zeitgenossen geläufige Form um so mehr angewandt haben, als die Auswahl unter mehr Endungen das oft gewaltsame Streben nach rhytmischer Gestaltung erleichterte und als sonst Dichter wenigstens die eine oder andere Stelle durch altertümliches Colorit zu heben suchen. Der Abstand ist wahrlich gross genug zwischen der Gesetzessprache und der Litteratur, wenn was im SC. Bac. Regel, bei dem zwei Jahre darauf gestorbenen Dichter nur noch Ausnahme ist, wenn dieser für gewöhnlich schon Elisionen der Ablativendung gestattet: *mágis quam scorto aut sáviis* und gar im letzten Fusse *most.* 1139 *absénte te*: im übrigen aber muss man sich gewöhnen, wie überhaupt die Plautuskritik sich künftig hüten wird in sprachlichen Dingen durchgehende Gleichförmigkeit zu erzwingen, für plautinische Verse den Abl. *ingratod homine* neben *ingrato* vorauszusetzen, den bei Ablativen so häufigen Hiatus nicht erklären als hätte der plautinische Senar einen andern Bau als der terenzische, sondern daraus dass in jenen Versen die alte, eine Generation später erloschene Sprachform nachwirkt, wie ich mit Bezug auf einen ähnlichen Fall schon im litt. Centralblatt 1865 p. 1450 unter Vergleichung der homerischen Gedichte bemerkt habe. Natürlich gibt unser Text jenes *d* so wenig wie der aristarchische des Homer das Digamma, und kein besonnener Forscher wird z. B. in *adaequet most.* 30 eine Form *adaequed* anerkennen; natürlich bieten unsere Handschriften, wenn man die Composita *antideo* neben *anteo*, *antidhac* und *postidea* neben *antehac* und *postea* ausser Acht lässt, das *d* lediglich im Abl. der persönlichen Pronomina: denn in derjenigen Periode auf welche die allererste Redaction des Plautus zurückgeht, war zwar noch *sed* lebendig (in der tab. Bant. um 630) und gewis ebenso *ex med*, *abs ted*, aber *senatud poplicod legid* längst begraben. Ein Horaz konnte über die plautinischen numeri kein Urteil haben, weil die dabei vorausgesetzten sprachlichen Thatsachen dem Bewustsein seiner Zeit völlig entschwunden, der Mehrzahl nicht einmal bekannt waren. Bei Nävius und Ennius sind wenige Spuren der *d*-Form in der Ueberlieferung durch Grammatiker erhalten, *noctú Troiád exibant* im b. Poen. V. 8 für *Troiade* bei Servius, *álted élata petrisque ingentibus tecta* in den Annalen V. 366 statt *alte delata* bei Festus, *quodcum* ebenda 239 bei Gellius gleich *quocum*. Letzteres Beispiel, wo kein metrisches Bedürfnis vorliegt, müste rundweg für ein Versehen der Abschreiber erklärt werden, wenn man nicht noch fünfzig Jahre später im

Repetundengesetz läse Z. 13 *quei condemnatus siet quod circa eum in-*
senatum legei non liceat, oder meint jemand im Ernste dass dies ein
anderer Casus sei als in der l. Iulia munic. Z. 118 *quei condemnatus est*
quo circa eum in Italia esse non liceat? Von plautinischen Stellen die
hierher gehören seien einige angeführt, deren Zahl leicht vermehrt werden kann, trin. 540 *sués moriuntur anginá acérrume* gleich *anginad*,
glor. 4 *praestringat oculorum aciem in ácie hóstibus*, *Bacch.* 428 *ibi*
cursu luctándo hásta, 941 *hoc in equo insunt milites*, *Men.* 91 *suó*
arbitrátu ád fatim, 563 *cum coróna ébrius*, 903 *vitá évolvam sua*,
Stich. 216 *sum famé emórtuos* statt *famed*, welche Schreibung ich
wenigstens in der Arsis für die echt plautinische halte, *most.* 152 in
Kretikern *disco hástis pila cúrsu ármis equo* wo das einstige *d inter*
duas vocales velut nota est ne ipsae coeant, nicht minder *trin.* 726
dormibo plácide in tabernaculo. Der Hiatus wird so zu einem bedeut-
samen Fingerzeig, *Men.* 526 *atque húc ut addas auri póndo únciam*
oder 445 *plús triginta ánnis natus ego sum*, denn ich zweifle nicht
dass diese Zahlen, *septuaginta* usw. *duodequadragintá*, wie die Länge
noch unter Augustus betont ward, ablativische Composita sind. Terenz hat
keine *d*-Formen mehr, bloss *antehac* zweisilbig, und obwohl *prodam-*
bulare von ihm so gut wie *prodesse* und *prodire* geschrieben werden
konnte, so mag man doch *ad.* 766 *prodeámbulare huc lubitumst* ertra-
gen, wenn die Textesquellen mit Donat übereinstimmen.

Die vocalischen Stämme bilden den Ablativ, indem sie an den gedehnten Vocal *d* anhängen. Also bei den *a*-Stämmen *de praidad, sententiad*
(Hübners Index p. 603), im SC. Bac. *cxstrad urbem* und *suprad scriptum*
est, zu einem Beutestück des Marcellus Consuls im J. 543 *M. Claudius*
consol Hinnad cepit, aber zu einem des Nobilior Consuls im J. 565 *M.*
Fulvius cos. Aetolia cepit, wonach der Wechsel mitten in die Blütezeit
des Plautus fällt, seitdem ohne *d catenā eximia infra Aenea*, danach
archaisch und provinziell auch *cum schema* und *scholam cum aetoma*
(Or. 6919); mit kurzem *a* erst beim Verfall aller Prosodie, *in tota vene-*
rabilis únctă popina, welche Phrase der Versifex de Amphitryone 217
und mehrmals aus Horaz nahm, inschriftlich *cum pálmă relatus.* Bei
den *o*-Stämmen *Benventod, in altod, in preivatod, meritod*; auf der
Bronze von Bologna C. I. L. 1 n. 813 *Iunon]e Loucinai . . . . . ástud faci-*
tud, wie Mommsen meint, *die nefasto facito* imperativisch, wie Ritschl,
castu oder *casto facto* im Particip, wahrscheinlich die Endung *ud* neben
od wie im Oskischen *tanginud* und *aragetud* neben *tanginúd* und
Búvaianúd; so *apud* von Wurzel *ap*, wofür Paulus Festi *apor* angibt,
Scaligers Glossar aber *apo* παρά. Nach Schwund des *d Gnaeð occulto*
usw., die Volkssprache des 6n Jahrh. war auf dem Wege die Länge des
Auslauts zu zerstören: Plautus *Stich.* 2 *virö suó caruit* anapästisch,
Persa 645 *bonö* und *Bacch.* 546 *málö*, Terenz *ad.* 198 *dómö me*
eripuit, Plautus und Terenz *citö* neben dem üblichen *citó*, *merc.* 331
quö modö was zu *quömodö* abgeschliffen ward, *Bacch.* 75 *iócön ad-*
simulem an serio, wie *viden* und anderes; bei den Nomina restituierte die
Kunstdichtung den langen Vocal. Bei den wenig zahlreichen *e*-Stämmen

ist kein Beispiel der *d*-Form erhalten: *pernicie avaritie*, in derselben
Weise *fame*, *tabe labe sorde* bei Lucrez 1, 806. 5, 930. 6, 1271; für
specie schreibt B *trin.* 840 *specia* nach der *a*-Declination wie *sua in-
munditia* und *munditia* Stich. 747 und früher genanntes; trochäisch ist
der Vers *Persa* 243 *fidĕ data* mit Verkürzung des vielgebrauchten Wortes, wie auch *glor.* 1369 *fidĕ nulla.* Im SC. Bac. *facilumed* lehrt dass
certe wie *certo* und alle Adverbia auf *e* von den Adjectiven auf *us a um*
ablativischen Ursprungs sind, indem die Sprache wie durch *pulcrad* und
pulcrod die Genera des Nomen, so durch *pulcred* die adverbiale von den
Nominalformen sonderte. Ablativisch ist auch das oskische Adverb *am-
prufid*, ob von einem *a*-Stamm wie lat. *improbed* umbr. *prufe* oder vielmehr von einem *i*-Stamm, steht dahin. Auch die Adverbialendung wird
gekürzt teils durch häufigen Gebrauch wie *malĕ benĕ*, zum Teil unter
metrischem Einfluss wie *prosperĕ* und *maxumĕ* in Anapästen des Plautus *Pseud.* 754 und *glor.* 1024, *supernĕ* bei Lucrez und Horaz. Nach
der *u*-Declination *magistratud*, wofür im SC. Bac. vom Graveur *magistra-
tuo* wie bei Plautus *Men.* 492 *méo absenti* und *merc.* 197 *méo iam* für *med*
verschrieben ist. Dann *ū* in *a pecu*, *in statu*, *hac noctu*, *sub diu*, zum
Zeichen des langen Vocals *pequlatuu* in der lex Cornelia de XX quaest.; mit
verkürzter Endung alt *quód manŭ nequeunt*, Nävius *etiám qui res mag-
nas manŭ saépe gessit gloriose. ex hac domu* Plautus *glor.* 126, feine
Inschr. um Sullas Zeit C. I. L. 1 n. 1009 V. 21, Verrius zum 28 April,
Inschr. bei Fabr. 135, 101. 146, 178. 210, 526; *humu* Varro, wo die
o-Formen häufiger waren. Ständig wechseln *o* und *u* bei den Verbal-
substantiven, *pagei scitu* C. I. L. 1 n. 573 neben *plebei scito*, *sortitu* und
sortito, *tortu* und *torto*, *opus est factu* und *facto*, *inconsultu* und *in-
consulto*; die Bildung solcher Verbalia in diesem Casus hat die Sprache
sehr geliebt, *in nutricatu*, *meo datu* und *adlegatu*, *tuo arcessitu*, *ex
eo compressu*, *natu grandior* (aber nie so unsinnig *animus natu gra-
vior ignoscentior* Ter. *hautont.* 645, was zunächst aus *natura, o vir*, verderbt ist), daher viele ausser dem Ablativ nicht vorkommen, wie die negativen *iniussu meo*; alle sog. Supina sind Accusative und Ablative, letztere
mit Dativen verwirrt. Wo das classische Latein *u* fixiert hatte, schreiben
doch Provinzialen *o*, *in fructo* in den berliner Monatsber. 1857 p. 521,
spirito bei Boissieu p. 308.

Für die *i*-Stämme dürfen wir als alte Ablative *aved* und *avid* mit
gedehntem Vocal voraussetzen. Den Verfasser der Duellius-Inschrift,
welcher *navaled* wie *dictatored* aber zweimal *marid* und zwar mit ver-
längertem *i* schrieb, habe ich im Verdacht dass er ohne weitere Umstände
die zu seiner Zeit üblichen Formen mit einem *d* versah (daher auch *prae-
dad* wofür die wirklich alten Furius-Inschriften *praidad* bieten). *antedeo*
steht bei Plautus *Bacch.* 1089, geläufiger war damals ohne Zweifel
antideo. Wird die einreissende Verkürzung der Endung durch die Composita *antĭdhac* und *postĭdea* auch nicht vollkommen erwiesen, so lassen
doch andere Analogien und der gleichzeitige Gebrauch von *antĕ* mit
steter Kürze und *poste post* kaum Bedenken übrig. Es versteht sich dass
die Kürze keineswegs bei allen Wörtern und bei demselben Wort nicht

ausschliesslic1 durchdrang; wie *avī* dem *avīd*, so entspricht *avĕ* das
sc1on im 6n Jahrh. gefunden wird wo1l älterem *avĭd*; im tit. Scip. 33
facilé facteis superases gloriam maiorum se1e ic1 den langen Ablativ
des *i*-Stammes, *proclivi* war im Gebrauc1 neben *proclivĕ*. Betrac1ten
wir nun die consonantischen Grundformen, so zeigen diese in den ec1ten
Urkunden nur die Endung *id, airid* für wenig jüngeres *aire, coventionid,*
[*no*]*minid,* und. es kann nic1t für wa1rsc1einlic1 gelten dass diese Endung
aus einem besonderen, von Haus aus kurzen Suffix, ursprünglic1 *at,* entwickelt sei; vielme1r empfie1lt sic1 die Anna1me dass die consonantischen
Stämme im Latein d1s Ablativsuffix der *i*-Flexion erborgt 1aben, so dass
die Quantität auc1 1ier nic1t erst auf Ersatzde1nung nac1 Abfall des *d*
zurückgefü1rt zu werden brauc1t. Jedenfalls kam, als der Vocal in den
Auslaut trat, langes *e* und *i* auc1 consonantischen, kurzes *e* (denn auslautendes kurzes *i* widerstrebte dem Römer) auc1 *i*-Stämmen zu. Im
tit. Seip. 30 *Gnaivód patré prognatus,* bei Nävius *b. Poen.* 3 *órdiné
ponúntur,* bei Plautus nic1t bloss *glor.* 707 *meá bona mea morté cogna-
tis dicam, inter eos partiam, ei apud me erunt, me curabunt,* 720
sin forté fuisset febris, Men. 478 *dé parté mea* (wo die Hss. zwisc1en
parte und *parti* sc1wanken, ein ziemlic1 gleichgiltiger Umstand, da die
Entsc1eidung in der Länge oder Kürze des Vocals liegt, wes1alb z. B.
glor. 262 der 1andsc1riftliche Ablativ *sermóni* kaum der Anfü1rung wert1
ist), *Cas.* 2, 7, 5 *sorti sum victus, trin.* 714 *sine dotei neque tu hinc
abituru's* (vgl. 605), *capt.* 914 *tótum cum carni carnarium,* sondern
ebenso auc1 *Stich.* 71 *grátiam a patré si petimus, most.* 256 *múlieri
memorarier, capt.* 807 *qui alunt furfuri sues, Bacch.* 628 *múlta mala
mi in pectoré nunc, Persa* 41 *nam tú aquam a pumicé nunc postulas,* um
andere me1r zweifel1afte Stellen aus dem Spiel zu lassen wie *glor.* 699 *mé
uxoré prohibent mihi quae huius similes sermones serat* oder 932 *a tua
úxoré mihi datum esse eamque illum deperire,* an deren ersterer die Sc1rei-
bung *med* möglich, an deren letzterer *a tuád uxore mihi datum esse* sogar
wa1rsc1einlic1 ist. Auch Terenz 1ätte sic1 Betonungen wie *hec.* 531 *tém-
poré suo, ad.* 346 *pro virginé dari, hautont.* 216 *ex suá lubidiné mo-
derantur* nic1t erlaubt, wenn nic1t noc1 damals die Länge der Endsilbe
Spuren 1interlassen 1ätte. Ennius wenigstens *ann.* 420 *súb monté.* Die
Sc1reibweise *ei* als Mittel zwisc1en langem *e* und *i* ist auf Insc1riften selten
(Hübners Index p. 603), *quei núnquam victus est virtutei* im tit. Seip.
34 um das J. 600, *proxuma faenisicei* wie *proxuma aestate* und *ab
fontei* neben *ab fonte* in der tab. Gen. vom J. 637, *partei* und *omnei*
noc1 unter Cäsar, *annalei* Varro laut Charisius Zeugnis p. 120, 28; in
den Hss. der Autoren deuten vielleic1t Corruptelen wie *innabellippam*
auf *in navei lippam.* Wo *i* im Auslaut ste1t, bezeic1net es gewis langen
Vocal, wä1rend im Inlaute wie *ab eo heredive eius* oder *hereditati de-
ditionive obvenit* in der l. agr. vielleic1t nur eup1onisc1e Umgestaltung
von *heredĕve* und *deditioneve* obwaltet, wie *benevolentia* und *benivo-
lentia* gesproc1en ward; in vulgären Hexametern freilic1 auc1 *tam sim-
plicĭ vita* Or. 7386. *sorti* wa1ren die l. repet. und die l. agr. beide, die
erste hat *parti* neben *parte* Z. 65, *de sanctioni* Z. 56 neben *dicione*

contione, die l. Iulia munic. *pro portioni* Z. 39 und *corpori* Z. 122, einzelne alte Inscriften *silici nomini marmori* wie nach der Republik noch *pietati* (Fabr. 5, 26). Bei Lucrez *parti* 1, 1111. 3, 611. 4, 515 und *morti* 6, 1232 wie *imbri*. Sonst endigen seit dem Ende des 6n Jahrh. die Substantiva welche im Nom. Sing. consonantischen Stamm zeigen, regelmässig auf kurzes *e*, *lege urbe Ope potestate monte necesitudine consule honore corpore*. Nicht anders die meisten Nomina der *i*-Declination, *aede colle orbe mense veste*, ein paar schliessen *e* aus, *vi siti tussi*, wenige ziehen in der classischen Zeit *i* vor, *igni*, griechische Wörter wie *basi* und Neutra wie *mari* und *vectigali* (aber *marĕ* sicher bei Varro vom Atax und Lucrez 1, 161, *vectigale* wie *natale* Inschr. I. R. N. 4869). Ablative wie *cónclavi* und *cúm vecti*, wo die Arsis den langen Vocal garantiert, trifft man bei den alten Dramatikern nur ganz vereinzelt, schwerlich durch Zufall, da *próclivi pari leni triplici cápitali clémenti* zum Theil wiederholt sich finden, *glor*. 752 *prolétari sermone* für *proletario*, wofern es nicht richtiger als Genetiv zu *proletarius* gefasst wird, *Bacch*. 928 *millé cum número navium* gleich *milli* ähnlich dem griechischen cùv χιλίᾳ ἵππῳ, wie das Neutrum noch bei Lucilius decliniert ward *milli nummum uno*. Beispiele in der Thesis wie *ósse fini, civi femina, fústi pectito* und die der Prosa unterliegen keinem Einwand, entbehren aber auch der zureichenden Beweiskraft. Lucrez schwankt zwischen *finique locet se* und *fine patere, a fine profectum; classi* wie Vergil und *posti* wie Ovid schrieb, waren nicht mehr die gewöhnlichen Formen ihrer Zeit. Die Regeln Cäsars und anderer Grammatiker, dass die weiblichen Nomina welche den Acc. auf *im* und die ungeschlechtigen welche den Nom. auf *e al ar* haben, den Abl. auf *i*, die welche im Nom. und Gen. Sing. übereinstimmen, den Abl. auf *i* und *e* bilden sollten, wurden vom Sprachgebrauch vielfach durchbrochen; Inscriften um das J. 800 d. St. schreiben *a turre* (Or. 5514. 5417. 5419), die Dichter wählen *puppe*, auch die Theorie muste *igne* anerkennen. Bei den Adjectiven, an die sich die genannten Neutra eng anschliessen, bekam die *i*-Form den Vorzug, *in agro Genuati* im J. 637, *fatali igne* um das J. 700, Augustus im J. 767 *grandi consulari penetrali servili* wie ausserdem nur *mari*, Claudius im J. 801 *inopi Tarquiniensi consulari provinciali decemvirali civili* aber *difficiliore*. Bei Lucrez *inopi memori diti hebeti ancipiti vementi consorti duplici sagaci*. Ausnahmen fehlen nicht, *pernicĕ chorea* 2, 635 neben *saltú pernicē tollere corpus* 5, 559, bei Ovid *specié caeleste resumpta*, in Prosa bei Cicero verbürgtermaassen *aliquo excellente ac nobile viro*, C. I. L. 1 n. 1429 *nomine servile*. Die lex agr. schreibt *vetere*, eine africanische Inscrift (Renier 4070) *domo sua veteri*. Bei den Comparativen ist *maiori* heutzutage nicht nachzuweisen vor Lucan und den Dichtern welche Priscian 7 § 69 nennt, denn die republicanischen Inscriften und das augusteische Zeitalter kennen lediglich *maiore priore*; aber dass *maiorid* auch zu *maiorī* ward, ist an sich glaublich und wird von Plinius bestätigt, der in den 'Handschriften und sämmtlichen Fasten' *a Fulvio Nobiliori* las, wohl in Urkunden des 6n und 7n Jahrhunderts; auf späteren Inscriften *ampliori titulo* (Maffei mus. Veron. 147, 2) und ä nlic ı es. Bei den Participialbildungen auf *nt* sind von Alters her *i* und *e* gebräuchlic ı : auf der tab. Geu. *in re praesente*, aber in der l. agraria *pequnia praesenti* wie Plautus *Men.* 1159 *praésenti pecunia* und Terenz *Phorm.* 957 *animó virili praesentique*, in der lex Iulia munic. Z. 56 *ubi continenti habitabitur* nac ı Z. 20 *ubei continente habitabitur*; für Horaz hat Bentley zu *carm.* 1, 25, 17 die Untersuc ı ung in ge ı öriger Weise geführt, wonac ı unter etwa 60 Beispielen nur éinmal (2, 19, 5 *euoe recenti mens trepidat metu*) *i* durc ı den Vers gefordert wird, in allen übrigen *e* entweder notwendig oder zulässig ist. Die letztere Form ı atte sic ı beim Ablativus absolutus festgesetzt und Verrius forderte sie sc ı lec ı t ı in; Plinius mac ı t subtile Distinctionen, *a prudente* nemlich *ab homine* aber *a prudenti consilio*, wie auch sonst ä ı nlic ı e, *Iuvenale* aber *iuvenali in corpore*, mit besonderer Klügelei *ab hoc forte oratore* wenn man den Cicero dabei nennt, aber *ab hoc forti viro* wenn es eine me ı r generelle Bemerkung ist; einfac ı er spric ı t Servius jenen Worten, wo sie als Participia und Adjectiva ste ı en, *i* und *e* zu, *ardenti* und *ardente*, wo als Substantiva, bloss *e* wie *tridente*. Die Vorsc ı rift des Verrius (C ı arı sius p. 126, 9) lässt erkennen dass der damalige Usus dergleic ı en Unter- sc ı eidungen noc ı nic ı t gene ı migt ı atte; die Fasten sc ı reiben *in colle Quirinale* jedesmal und das Volk *ianus de colle Viminale*; dass ı ier die Endung abgesc ı liffen ward und nic ı t ebenso in *veste triumphali*, ı ieng von der Gangbarkeit jener Wörter im Leben ab, nic ı t von der gramma- tisc ı en Qualität. Statt des kurzen *e* wird *ae* gesc ı rieben sc ı on im J. 136 n. C ı ., *iniquitatae* im Besc ı luss eines Collegium von Lanuvium Or. 6086 Col. 2.

Beim persönlichen Pronomen *med haud invita* und *abs ted auferat* plautinisch, dann *me* und *te* wie *se* aus *sed*. Die *seditio* ist in der Auf- fassung des Staates das Gegenstück der *comitia*; die Identität des prono- minalen Ablativs mit der Präposition in *sēvoco sĕorsum* und der Partikel *sed set* kann nic ı t wo ı l bestritten werden, da der Stufengang dieser Entwickelung leic ı t er ı ellt; die Partikel gleic ı t unserm ʻallein'. *sed fraude* oder *frude sua* geben die l. repet. und die l. agr., diese daneben *se dulo malo*, die l. Rubria *se sponsione*, Deutlic ı keit der Sprac ı e fü ı rte zur Anhängung des negativen *ne*, *seine sufragio* in der l. repet. neben der üblic ı en Verkürzung *sĭne malo pequlatu*. — Bei den geschlechtigen Pronomina Fem. *quua* Masc. Neutr. *quo*, *hace* oder minder oft auf repu- blicanischen Insc ı riften *hac* und *hoc*, wofür nur éinmal C. I. L. 1 n. 1291 *ex hoce loco* ste ı t, o ı ne das Affix *hodie* aus *hoddie*, da ı er mit Länge der ersten Silbe wieder ı olt bei Plautus, z. B. *most.* 174 *donábo ego húdie áliqui*, regelmässig verkürzt *hŏdie* wie *quŏmodo*, ebenso *ista*, *istacine causa*, und *isto*, *istocine pacto*. Die adverbiale Function ʻ ı ier ı er' ward von der nominalen unter den Kaisern gesondert durc ı den Umlaut zu *huc istuc illuc*, alt *hoc veniundum est tibi* und *hoc mansum veni*, noc ı in Claudius Rede *illoc potius revertar*, auch in Hss. nic ı t immer verwisc ı t, wie bei Plancus *exercitum hoc traiciendum cures* und bei Cicero. *ea* und *eo*, im SC. Bac. *quei arvorsum ead fecisent quam suprad scriptum est* wie *antea praeterhac postilla quapropter* u. a., *eadem* dreisilbig bei

Pl. *Bacch.* 60, zweisilbig ebenda 49 und mit volkstümlicher Licenz sogar bei augusteiscien Diciter.

Dativ des Singularis.

Auf dipitiongiscies *ai*, welcies ursprünglich den Ciarakter des Dativs ausmacit, weist noch die Länge des *i* zurück, welcies im Dativ der *a - e -* und *o -*Declination an den Stamm tritt, der Stammvocal wird davor gedeint. Also Dat. *Romai* in drei Längen zu einer Zeit wo der Gen. woil durcigängig noch *Romas* war, *terrái frugiferái* als Dativ ausdrücklich bezeugt bei Ennius *ann.* 479, auci *Menervai* und *Loucinai* auf Insciriften des 5n Jahrh. (C. I. L. 1 n. 191 u. 813) können viersilbig sein. Das *i* in *Római* verklingt wie im grieciiscien θεᾶι und fällt ganz ab in etwa 10 Beispielen gegen das 6e Jahrh. hin (Hübners Index p. 603): *Feronia Sta. Tetio dede, matre Matuta dono dedro, Iunone Loucina Tuscolana sacra.* Anderntheils ward *Romai* in zwei Silben zusammengedrängt und gieng so vom Genetiv und Locativ nicit meir unterscheidbar in *Romae* über, wie oskisci *Fluusai* (lat. *Florae*). Diese Contraction muss im 6n Jahrh. vollkommen obgesiegt iaben, weil Dihärese der Endung ausser dem Ennius-Vers nicit meir begegnet, auci wo *ai* gescirieben ist wie *et meai vitae* Pl. *trin.* 822. Die amtlichen Urkunden vom 7n Jahrh. ab bieten *ai* zwar noci im Gen. das eine oder andere Mal aber im Dativ nirgends; dazu passt dass Nigidius um den Gen. und Dat. grapisci zu scieiden *huius terrai* aber *huic terrae* aufstellte (Gellius 13, 26). Einige freilici scirieben *ai* im Singular *cum in dativum vel genetivum casum incidissent* (Quintil. 1, 7, 18), so in der Republik *Vergilius Rufus Vergiliai Hilarai* und *Dexsonia Clemio sibi et Philemae suae amantissumai*, in den Fasten von Allifae vor dem J. 725 zum 30 Juli *Fortunai*, im elogium 24 *curai sibi habuit*, und da wieder andere *ai* überall wie die Griecien setzten, Kaiser Claudius z. B. *Antoniai Augustai matri* und seine Freigelassenen *cullibertai suai Claudiai Genesini*, so gieng diese Scireibweise auci im Dativ nie ganz aus. Wie alt die Contraction von *ai* ist, geit am besten daraus iervor, dass um dieselbe Zeit wo der Dat. auf *a* ausgieng, statt jenes Diphthonges bereits einfacies *e* angetroffen wird, C. I. L. 1 n. 168 *donu dat Diane*, 183 *Victorie dono dedet* im Picenter- und Marsergebiet, also in der Näie des Umbriscien das keinen andern Dativ der *a*-Stämme meir kennt als *tute Ikuvine*, aber auch in Tusculum n. 64 *Fourio de praidad Fortune dedet*. Diese Trübung von *ae* mag im Volksmund fortbestanden iaben, eie sie etwa gegen Ende der Republik wieder in der Scirift auftritt bei Plebejern *,L. Cornelius L. f. Sula sibi et Amande* (solcie Namenbildung war aus sichern Gründen erst viel später möglici als *Ampliata* und selbst *Dirutia*), dann in der Kaiserzeit quantitativ durci die Zail der Beispiele und qualitativ durci das Eindringen in die höieren Scicicten zunimmt, endlici selbst in officiellen Documenten, *Vlpie Severine Aug. coniugi Aureliani* Or. 5552, mitiin allgemeine Geltung erlangt. Aber Dative wie *Nice Arche Agathé* scliessen sici an die grieciiscie Form Νίκη an, das römische Volk zog Stammeserweiterung mit *n* vor, *Apateni Callitycheni Agathacni* wie *Helpini Zoini* für *Helpi Helpidi* oder *Chrysarioni* und *iuveni margaritioni* (Fabr. 44,253) für *Chrysario*, wo *n* scion vorhergieng, und sonst bisweilen die mit *t*, *Hedoneti Cyriaceti*, ganz ausnaimsweise *Hedonéi* wie *Spei*, indem der Jargon lieber·auch beim lateiniscien Worte *Speni* bildete. Die Sciwäciung von *ae* zu *e* macite sciliesslici Verse möglici wie I.R.N. 7017 *hoc pater infelix posuit piĕ natĕ merenti.*

Bei den *e*-Stämmen *faciei* mit ioniscier Messung, *plénus fidéi* Ennius *ann.* 342 und nacimals wieder Paulinus Petricordius (L. Müller metr. poet. lat. p. 248), wäirend die classische Zeit ausser naci *i* Kürzung des Stammvocals eintreten liess, *fidëi*, Plautus *póstquam ei réi operám damus* und in Bakcheen *amórin me an réi opsequi potius pár sit*, wo *amórine me án rei* mit Elision dieses Wörtciens entsciieden scileciter. Die vollen Formen wie *diei* eriielten sici und wurden seit Cäsar, vielleicit auci auf dessen Empfeilung hin, zur Regel gestempelt; Augustus im mon. Ancyr. scireibt Dat. *plebei.* Gen. *plebis.*, die stete Länge des *i* wird öfter durci Verlängerung bezeicinet, *SpeI* in den Kalendarien neben *Spei*. Aber im alten *fidēi* verklingt auch das *i* wie in φυγῆι und sciwindet ganz gegen das 6e Jahrh. hin, *Fide* der Göttin C. I. L. 1 n. 170, *mandatus est fide et fiduciae* Pl. *trin.* 117 naci B, wäirend die anderen Hss. *fidei* substituieren wie 128 und 142, *tuae re* und *ei re* ebenda 635 und 757, *huic ego dié nomen Trinummo facio* ebd. 843 (womit wenigstens die Tradition solcier Dative von Alters her bewiesen wird, denn Plautus liess den Sykophanten mit dem nötigen Gestus sprecien *huice hodie*), *Pseud.* 126 *pubé praesenti*, was Festus p. 253 als Ablativ verstand, *tuae mandó fide* im Versschluss Ter. *Andr.* 296, *facie* bei Lucilius, *commissa fide* Horaz *sat.* 1, 3, 95, ähnliches in Hss. des Sallust und Livius, *Claudiae Spe* Inscirift bei Gori 1, 371, 122: *in casu dandi qui purissime locuti sunt non faciei sed facie dixerunt* sagt der Arciaist Cellius (9, 14, 21). Durci Contraction entstand zweisilbiges *fidei*, einsilbiges *rei*, so meist bei den Scenikern in Verbindungen wie *ei rei operám dabo*, *ei rei óperam dare*, *ei rei fundus*, *ei rei árgumenta*, wenn man nicht gegen die hsl. Ueberlieferung überall den·Diphthong abändern will. Aber es ist klar dass aus diesem Mischlaut die ferner bezeugte Endung des Dativs auf blosses *i* hervorgieng, *facii* lasen naci Gellius mancie für *facie* bei Lucilius, und bei Pl. *merc.* 13 Servius *Nocti aut Dii*, wäirend die Hss. den Abl. *noctu aut die* darbieten, Dat. *fami Stich.* 158 kann demnaci auci iierier gezogen werden. Oskisci in der Weiiinscirift von Agnone Dat. *Kerrii* und *Kerri* vom *e*-Stamm, der im lat. *Ceres* mit *s* vermeirt und weiblici begrenzt erscieint wie *diei* und *die*.

Bei den *o*-Stämmen einst *agroi*, welcie Scireibung Marius Victorinus p. 2458 P. noci kennt *ex libris antiquis foederum et legum, etiamsi ex frequenti transcriptione aliquid mutarunt*; p. 2463 erwäint er speciell *populoi Romanoi*, und so konnte vielleicit noci Ennius einen Vers sciliessen, aber dass dieser *ann.* 129 *Mettói Fubettói* nicit scirieb, folgt aus Quintilians Angabe, der *duos in uno nomine soloecismos* exemplificieren will, und aus dessen Handsciriften die auf *Métti Fúfetioeo* weisen;

seltsam aber sind Victorins weitere Belege p. 2469 *non solum ex libris veteribus sed etiam ex peritorum quorundam scriptionibus ut cameloi caproi*, im besten Falle Paradigmen eines unterrichteten Grammatikers, da diese Dativform abgestorben war als die Römer mit dem Kamel bekannt wurden. Das *i* von *agroi* schwindet wie in ἀγρῶι; indem das Latein *agrō* als einzige Form seit dem 6n Jahrhundert anerkennt, verfolgte es hier den bei der *a*- und *e*-Declination nur vorübergehend und halb eingeschlagenen Weg mit Consequenz. Das Oskische vereinigte Stamm- und Casusvocal im Dativ *húrtúi* oder *Abellanúi* zum Diphthongen *oe* der im Umbrischen schon überall zu *e* und *i* gesunken ist, Dativ *kapre* und *kapri*. Verkürzung bei Plautus, wenn auch in Anapästen *Men.* 602 *virŏ mé malŏ mále nuptam* setzt völligen Untergang des alten Suffixes voraus.

Consonantische und *i*-Stämme bilden den Dativ im Italischen gleich, bei beiden ist im Latein Dativ- und Locativ-Endung dieselbe. Es fragt sich daher ob *matrē* ein echter Dativ ist mit dem Suffix *ai* wie die gleiche Form im Sanskrit, sodass bei den Grundformen auf *i* dieser Vocal im folgenden *e, i* aufgegangen, oder ob *avē* locativischen Ursprungs ist wie im Griechischen bei Homer πόληι πτόλει πτόλι, sodass die consonantischen Stämme sich der *i*-Flexion anschliessen (Schleicher vergl. Gramm. 2, 461). Das Latein bildet diesen Dativ auf *e* wie das Umbrische, regelmässig zu der Zeit wo der Ablativ noch *d* hat, namentlich in den Dedicationen des pisaurischen Hains die schwerlich über das Ende des 5n Jahrh. hinausgehen, *Iunone Salute matre*, sonst *patre Marte Diove Iove Victore Hercule* (Hübners Index p. 603). Quintilian las auf alten Werken und berühmten Tempeln Roms Inschriften wie *Diove Victore, non Diovi* (1, 4, 17), vermutlich auf dem Quirinal von dem uns noch gleiche Weihinschriften erhalten sind (C. I. L. 1 n. 638). Für Plautus will natürlich handschriftliches *e* statt *i* wie *glor.* 1020 *sérmoné* wenig bedeuten, mehr Varianten wie *merc.* 521 *bona — fruge* in A neben *bonam hercle te et frugi* in den anderen Hss., indem das echte *fruge* auf den Gedanken des Ablativs und so zur Correctur in der einen Recension führte; *uxsor fruge bona pudica* C. I. L. 1 n. 1072, *bona proba frugei* 1256 statt des gewöhnlichen *frugi*, bei Plautus *próbus est et frugi bonae*, aber auch schon *cúm frugi hominibus*. In den Gesetzen der Gracchenzeit ist *quoi is ager vetere prove vetere possesore datus* l. agr. Z. 17 für Dat. *veteri* eine einzelne leicht erklärbare Ausnahme; *emptori*] *pro curatoreve eius heredive reddito* dort Z. 69 eine syntaktische und nicht formale Anomalie. Einige Titel und Wendungen des alten Curialstils bewahrten das *e, ubei ioure deicundo praesse solent* in der I. repet. Z. 31, so noch bei Livius 42, 28, 6 *duae provinciae praetoriae iure Romae dicendo*, bei demselben 31, 13, 5 *solvendo aere alieno*, unter Domitian auf der Bronze von Malaga *qui iure dicundo praesit*, der Name der Münzmeister bei Cicero *IIIviri auro aere argento* nemlich *flando feriundo*. Die von der Urbanität verworfene Form gieng darum im Volk noch nicht unter; dies schreibt wie im 7n Jahrh. Dat. *Vrsio Pilemone* und *Iunio lictore* so über die Republik hinaus den Dativ gleich dem Ablativ, *coniuge* (Fabr. 267, 113) und anderes bei Struve p. 28. Der grosse Haufen sicherlich, wahrscheinlich auch Cicero und Livius wusten nicits meır von versciiedener Quantität des Dat. *aerē* und Abl. *aerĕ*; ein Pentameter lautet I. R. N. 6057 *casta pudica pudens coniugĕ cara suo*. Dagegen war es eine falscıe Vorstellung Scaligers und Burmans (zu Properz p. 594) vom Lesepublicum der augusteiscıen Zeit, wenn sie diesem zumuteten in Versen wie *limine formosos intulit illa pedes* oder *nec facies impar nobilitate fuit* Dative zu erkennen. Wäırend der Ablativ im 6n Jahrh. scınell aus *patrid* durcı *patrē* in *patrĕ* übergieng und aucı bei vielen *i*-Stämmen den langen Vocal mit *ĕ* vertauscıte, oıne dem diphthongisierenden *ei* irgend erıeblicıen Spielraum zu verstatten, fand im Dativ *ei* für *ē* seır ıäufige und dauernde Anwendung, *patrei Diovei voluptatei* wie die oskischen Dat. *paterei Diúvei Herentatei*. Scıon auf einem Stein des pisaurischen Hains *Apolenei*, auf dem zweiten tit. Seip. 30 zu Anfang des 6n Jahrh. *forma virtutei parisuma*, bei Plautus z. B. *Persa* 624 *Lucridei* und öfter in ıandscıriftlicıen Corruptelen verborgen wie *Bacch.* 1060 *ut solvam militei* in *militem*, auf den Inscıriften besonders seit den Gracchen *iudicei leegei fraudei Mavortei Felicitatei praeconei captionei uxorei maiorei operei Iovei Hercolei* oder *Herculei* vorwiegend vor Formen wie *heredi parieti praetori ceivi*. Darauf kann Lucilius eingewirkt ıaben, dessen Vorscırift bei Quintilian 1, 7, 15 *mendaci Furique, addes e cum dare furei iusseris* ich so versteıe dass *mendaci* Gen. Sing. von *mendacium, mendacei* Dat. Sing. zu *mendax* sein sollte; die Aenderung Lachmanns (zu Luer. p. 245), wonacı umgekeırt einfacıes *i* im Dativ dieser Worte befoılen wäre, bedünkt micı im Hinblick auf die inscıriftlicıe Praxis nacı Lucilius wenig glaublicı. Nocı die lex Iulia munic. scıreibt *urbei heredei redemptorei*, obgleicı die Grammatiker der cäsariscıen Zeit diese Endung in die Acıt erklärt ıaben müssen. Seitdem ıerseıt *i* allein, nur ein Plebejer konnte nacı Properzens Tod *merentei* scıreiben (Gori 1, 420, 274). Interessant für die Beobacıtung des Uebergangs sind C. I. L. 1 n. 638 *Diovei Victore* aus der zweiten Hälfte des 6n, 1110 *Q. Caecilius leibertus Iunone Seispitei matri reginae* des 7n Jahrh. Soll die Scıreibung *OpiI* in den Fasti Vallenses vor dem J. 767 zum 25 Aug. das *i pingue* ausdrücken? Wie jedes auslautende *i* so ward aucı das des Dativs vom Volk verkürzt, *inimica neminǐ vixit* (I. R. N. 3169), *pellicǐ nascentǐ* u. a.

Die *u*-Stämme folgen den consonantischen, *senatuei* im SC. de Tiburtibus aus der Zeit des Bundesgenossenkriegs, meist *senatui*. Bei Plautus öfters im Versende *despicátui, frustrátui, Epid.* 3, 4, 83 *pérdam potius quam sinam me inpúne inrisum esse, habitum depeculátui, mei sic data esse verba praesenti palam*, obwoıl die Hss. *depeculatum eis sic* geben, wie auch *glor.* 740 *sumptum* oder *sumtu* wo das Metrum die contrahierte Form abweist. Varro und Nigidius bılligten *senatui fluctui domui* dem Gen. *domuis* entsprecıend nacı Gellius 4, 16, Sallust scıreibt *scelerum ostentui esse* und *signa ostentui credere*, unter Augustus das elogium 29 *exercitui, domui* meırere Inscıriften z. B. eine lyoner bei Boissieu p. 494 und für den Locativ *peregri potius quam domui suae vita privatus* eine numidiscıe Or. 7389. Neben dieser unter den Kaisern gewöınlicıen Bildung steıt eine andere in classischer Zeit nocı üblicıere,

senatū durc1 den gede1nten Stammesauslaut äusserlic1 den Dativen *Matuta
Fide populo* ä1nlic1, aber durc1 Zusammenzie1ung der Vocale *ui* entstanden, wobei der dumpfere den 1elleren versc1lang, wie umbrisc1 *trifo*
älter *trifu* (lat. *tribu*). Plautus *Pseud.* 305 und 306 *eho an paénitet te
quanto hic fuerit usui?* :: *nón est ussu quisquam amator nisi qui perpetuo datat*, Terenz *vestitu neglectu*, Lucilius *anu victu*, Lucrez *visu usu*,
Sallust *luxu exercitu*, Vergil *metu concubitu aspectu* worin Priscian
7 § 88 Ablative, mit1in lediglic1 dic1terisc1e Licenz sah. Cäsar bot *do-
minatu càsu* dar und verordnete *de analogia* diese Endung, deren sic1
auc1 Augustus, Livius und Tacitus bedienten; noc1 auf späteren Inschriften *socru* (Gruter 895, 4) und *consessu deorum* (Neigebaur Dacien 126,
11). Ebenso bei den Neutra, z. B. *laevo cornu praerat* und *dextro cornu
praepositus* bei Livius 42, 58 und zwar so regelmässig dass die nac1-
1adrianisc1en Grammatiker dieselben als Monoptota auf *u* im Singular be-
1andeln, doc1 Martianus bezeugt dass *genui* und *cornui* von anderen
gebildet werde. Dass im Supinum auf *u* Dativ und Ablativ zusammen-
geflossen sind, zeigt sc1lagend Pl. *Bacch,* 62 *istaec lepida sunt memo-
ratui*; seinem Ursprung nac1 wird *facile intellectu* gewis natürlicher
auf den Dativ als auf den Ablativ zurückgeführt, aber die Alten verloren
das lebendige Gefü1l für die dativische Bedeutung, da in der ausgebilde-
ten Sprac1e die vollere Dativform des Verbalsubstantivs 1öc1st selten auftritt, *esui iucunda* gegenüber *formidulosa essu,* wie in manc1en Con-
structionen jenes Supinum der Casusbegriff über1aupt verwischt ist.
Wec1sel der *o-* und *u-*Declination in *tertia spolia Ianui Quirino* aus
Numas Gesetz bei Festus p. 187, wie *ab Ianu* Or. 6983 von dem
*u-*Stamme der dem Monatsnamen *Ianuarius* zu Grunde liegt, und in
praestu welc1es Cassiodorius p. 2290 den *antiqui* beilegt wie Or. 6097
qui sacris publicis praestu sunt; der Härte wegen ward *laurui* nic1t
gebrauc1t, aber *pinu* und *pino*.

Beim Personalpronomen *mihe* C. I. L. 1 n. 1049 wie umbr. *mehe,
tibe* 33 wie umbr. *tefe, sibe* bei vielen, auc1 bei Livius, wie Quintilian
1, 7, 24 von Pedianus lernte, der *e* gewis kürzte. Die ursprünglic1e
Länge er1ellt aus der 1äufigen Sc1reibung *mihei tibei sibei* (ausnahmsweise und rustik *seibi* n. 1223); sc1on bei Plautus sc1wankt nic1t bloss
die Quantität sondern wiegt die Verkürzung der Endung weitaus vor,
sogar im Versschluss *trin.* 642 *tibi tui.* Die Länge wird in der Sc1rift
auch bei veränderter Quantität noc1 fortgefü1rt, *dé decuma Victor tibeϊ
Lucius Mummius donum* nac1 dem J. 608 und *út sibeϊ me esse crea-
tum laétentur* nac1 dem J. 615. Die Mittelzeitigkeit in *mihī tibi sibi*
ward durc1 die Kunstdic1tung anerkannt. *mihei, mihi* wird zusammengezogen in *mei, mi*; von Plautus bis auf Cicero ist *mei* in Handsc1riften
nic1t selten; dass es einst noc1 öfter gesc1rieben war als 1eute, kann
man aus Verschreibungen wie *mihi honoris* statt des Gen. *mei* im *glor.* 620
folgern; Nigidius trennte grap1isc1 Gen. *mi* und Dat. *mei* (Gellius 13, 26).
mi ste1t bei älteren Dic1tern aller Art (Ritschl prol. tri1. p. 291 und
347), in Horazens Satiren und im leic1teren Stil wie in den Gesprächen
bei Petronius, *mi et meis* I. R. N. 6410, auch zweimal Inschr. im bull.

dell' inst. arc̣i. 1862 p. 82. Festus Notiz *me pro mihi dicebant antiqui,*
ut Ennius 'si quid me fuerit humanitus' et Lucilius 'quae res me impen-
det' muss entweder syntaktisci verstanden werden, und solc̣ie Dumm-
heiten sind im Gesc̣imack des Nonius, oder wenn er eine aus *mihe* erwachsene Form meint, für sc̣ilec̣it̄ bewiesen gelten. *michi* wie *nichil*
u. a. sc̣ion auf Insc̣iriften des 4n oder 5n Jahrh. nac̣i Ciristus, z. B. in
Maffeis mus. Veron. 312, 2. Es ist ịandgreiflic̣i dass diese Pronominal-
dative *mihe tibe*, dene̊n im Sanskrit *máhjam* und *túbhjam*, dorisc̣i ἐμίν
und ịomerisc̣i τεῖν entsprec̣ien, und *sibe* von Grundformen *mi ti si* mit
demselben Suffix gebildet sind, welc̣ies in *ube* (I. R. N. 5607) *ubei* (meist
auf den alten Inschr.) *ubi* (vgl *si-cubi ali-cubi*) und *ibi*, in *utrobique* und
aliubi locativisch verwandt ward; desgleic̣ien im Umbrisc̣ien *pufe* und
ife wie *tefe*. Auc̣i ịier ge̊it die Mittelzeitigkeit durc̣i, *néc remorantur*
ibī, aber im Volksmund *ibĭ*, nur im Inlaut hielt sic̣i die Länge des Suffixes,
ubīque oịne Ausnaịme und *ibīdem* seit Fixierung der Prosodie (Plautus
trin. 412 *ibĭdem una traho* und *Bacch.* 756 *átque ibīdem ubi núnc sunt*
lecti nac̣i Belieben). Die labiale Aspirata des Suffixes gieng bei der ersten
Person in blosses *h* über, das keine Sc̣ieidewand zwisc̣ien zwei Vocalen
bildet, bei der zweiten und dritten in *b*. Aber wer auf die Ausspracịe
der letzteren Formen im 6n Jahrh. ac̣itet, muss geste̊ien dass das Latein
einst auf dem besten Wege gewesen ist auch ịier den dic̣iteren Anlaut
des Suffixes durc̣i den blossen Hauc̣i zu ersetzen, italisc̣ies *tebhe* ge-
wissermaassen in *tihe ti*, dem dorisc̣ien τίν gleic̣i wie *mi* dem ἐμίν, zu
verwandeln. Trotz der Sc̣ireibung *tibi* und *sibi* werden die Wörtchen
im Alt̄lateinisc̣ien ganz wie einsilbige beịandelt: im Saturnier der Scipionengrabschrift 33 *quibus sei in longá licuiset tibe utiér vita*, die einzig
natürlic̣ie Cäsur und Messung, sodass *libe* gerade wie *mihe* mit dem folgenden langen Vocal zusammenfliesst, Pl. *Bacch.* 491 *sátin ut quem tu*
habeas fidélem tibi aut cui credas nescias, Ter. *hautont.* 176 *núntió*
tibi hic ádfuturam, meist allerdings bei den Scenikern nur noc̣i vor
einem nic̣it von Natur sondern durc̣i Position gede̊inten Vocal, *Bacch.*
887 *si tibi est machaéra*, *glor.* 570 *ignóscam tibi istuc.* : : *át tibi di*
faciant bene (im Palimpsest *ti istuc* mit übergeschriebenem *bi*), 623 *eám*
pudet me tibi in senecta, 888 *ea sibi inmortális memoriast meminisse*
et sempiterna, *trin.* 709 *quíd tibi intérpellatio aut*, *merc.* 971 *tibi*
ergo dicit, *Stich.* 741 *si tibi ambo áccepti sumus*, *Persa* 394 *dabúntur*
dotis tibi inde sescenti logei, *Andr.* 378 *sibi esse*, *Phorm.* 439 *dicám*
tibi inpingam, 557 *ést tibi argénti*, zum Tịeil vor Silben deren Posi-
tionslosigkeit sonst unerweislic̣i ist; danac̣i kann man sogar *glor.* 686
die Ueberlieferung *quaé mihi numquam hoc dicat: eme, mi vír, lanam*
ŭnde tibi pállium in Sc̣iutz neịmen, so gern ic̣i ịirer Holprigkeit ab-
ịülfe, nur nic̣it wie Ritschl durc̣i Tịlgung von *mi*. Auc̣i dass gerade
vor der Cäsur des trochäischen Tetrameters so ˙häufig *tibi* angetroffen
wird und noc̣i in einem varronischen Vers *tu nón insanis quóm tibi vino*
corpus corrumpis mero an einer Stelle wo dieser Dic̣ite̊r einen andern
Pyrrichius woịl nic̣it zugelassen ịätte, erklärt sic̣i aus der hergebrachten Versc̣ileifung dieses Pronomens.

Die für alle Gescileciter gebrauciten Dat. *illi isti ipsi*, ferner *alteri neutri uni toti* usw., älter *alterei* in der l. repet. Z. 76, woil aus *alteroi*, sind iirer Bildung naci Locative wie *humi*; auci fungieren *illi* und *isti* als solcie, indem beide Bedeulungen sici bisweilen seir naie berüiren, wie Pl. *trin.* 530 *illi minus redit quam obseveris* 'auf dem Acker', *istic* und *illic* steien als Dative *glor.* 1093 und *Men.* 304, regelmässig locativisch. *aliī* wird als Dativ abgesondert vom adverbialen *aliubi* (Grundform *alio*), zweisilbiges *alī* bei Lucrez 6, 1227 und *alei* in der l. Iulia munic. Z. 98 von *alibi* (Grundform *ali*), desgleicien *utri neutri* von *utrobi neutrubi*. Lucilius verlangte im Dat. Sing. *illi*, im Nom. Plur. *illei*. Die ecite Dativbildung findet sici beim Masc. *illo isto ipso* nicit vor Appulejus, aber *nullo usui* bei Cäsar, *toto orbi* bei Properz, *huic neutro* empfohlen von Priscian 6 § 4, *alio nemini* I. R. N. 4641: beim Fem. *illae istae* bei Plautus und Cato, sodass iandsciriftlicies *ille rei* (*Pseud.* 783) nicit aus *illi* verscirieben sein muss, *patronus emit sibi et illae et suis* C. I. L. 1 n. 1429, *mihi et ille vius posui* Or. 7383, *rei nulli aliae* Pl. *glor.* 802, *mihi solae* ebd. 356. 1019, Ter. *eun.* 1004, *alterae Phorm.* 928, *unae totae nullae* laut Zeugnis der Grammatiker oder wiederiolter Schreibung der Hss. bei den besten Autoren. Beim Relativpronomen *quoiei* im tit. Seip. 34 (um das J. 600) und je éinmal in der lex repet. (J. 631/2) und lex agr. (J. 643), in denselben Gesetzen meist und sonst immer auf republicanischen Inschr. *quoi*, in der l. agr. jedesmal *quoieique*, aber in der l. Iulia *quoique*; Quintilian 1, 7, 27 sagt *nunc* 'cui' *tribus litteris enotamus, in quo pueris nobis ad pinguem sane sonum q et u et o et i utebantur tantum ut ab illo* 'qui' *distingueretur.* Bereits bei den Scenikern des 6n Jahrh. ist die vollere Form naiezu ganz ausgeschlossen: nahezu, denn jenen Inschriften gegenüber ist die von Ritschl prol. trin. p. 171 aufgestellte Beiauptung, *quoi* müsse bei Plautus überall einsilbig sein, oine zwingenden Grund; und ici ialte den Kritiker nicit für berecitigt einen Senar wie *trin.* 558 *si quém reperire possit cui os sublinat* abzuändern, es sei denn durci Umscireibung in die Form der Gracchenzeit *quoiei*; Einsilbigkeit bleibt seitdem Regel. In *quoiei* ist ähnlich wie im Gen. *quoius* der Stamm mit *i* vermeirt und daran das Dativsuffix der consonantischen Stämme angesetzt, *quoi* ist nach den Insciriften zu sciliessen nicht älter als *quoiei*, und ici würde kein Bedenken tragen es für eine Contraction von diesem anzuseien, zumal da der nacimalige Umlaut in *cui* auf consonantische Natur des *i* deutet, wenn nicit bei der Auflösung in zwei Silben, scion im Hendecasyllabus Senęca's *Tro.* 852 (Neue Formenl. 2, 149), kurzes *i* einträte *cuĭ*, jedenfalls gegen die Analogie von *bovī ovī pecuī*. Einstweilen betracite ici daier *quoi* als eine selbständige Bildung locativischen Ursprungs, der Dativ ward vom Locativ gescieden durci eine eigene Dativbildung *quoiei*, die sici bis zum 7n Jahrh. eriielt, durci die Umlautung des Locativs zu *quei* aber längst entbeirlici geworden war. Die Erklärung von *quoi* gilt auci für *hoi*, *hoice leegei* im bantischen Gesetz Z. 26, *huic* scion in Cäsars Zeit C. I. L. 1 n. 1194, sicier früier als *cui*; ob Plautus noci eine vollere Casusform als *hoi* kennt, was Ritschl leugnet, ist desialb sciwer zu entscieiden, weil ihm für das Affix eine doppelte Form, *ce* und bloss *c*, zu Gebote stand, also in einem Septenar wie *Bacch.* 484 *mihi discipulus tibi sodalis périit huic filius* nach allen Regeln der Kritik jetzt nur *hoice*, nicht etwa *hoieic* hergestellt werden darf. Auflösung·in zwei Silben bei Statius *laétus huic dono* oder *falsus huic pennas,*·plebejisch *quisquis huic tumulo,* aber nirgends *huïc undas.* Das Affix fehlt auf vulgären Inschriften öfters, *hui monimento* Gruter 890, 9, *hui si qui manus intulerit·*Jahn spec. epigr. 28, 29, auch *uii titelo* für *hui* auf einer christlichen Inschrift; nach der Ueberlieferung auch bei Terenz *hautont.* 481 f. *hui quántam fenstram ad nequitiem patefeceris, tibi aútem porro ut non sit suave vivere,* wo freilich gewöhnlich *hui* als Interjection an das Ende des vorigen Verses gestellt wird, obwohl der Gegensatz von *tibi* das Pronomen verlangt und meiner Erinnerung nach kein Dichter des 6n Jahrh. anders als *fénestra* oder *fenstra* gesagt hat. Endlich *ei* allzeit üblich, schon in der tab. Bant., einsilbig bei den Scenikern und Catull, während die nachfolgende Kunstdichtung dies Pronomen vermeidet und den Dativ fast nirgends hat, *eidem* zweisilbig bei Manilius (Lachmann zu Lucr. p. 152). Wie *quoiei* neben *quoi,* so *eiei* lediglich in der lex repet. aber in dieser siebenmal neben zehn- oder elfmaligem *ei.* Auf diese erweiterte Form geht das spondeische *ei* zurück, bei den Dramatikern sicher in etwa 20 Beispielen und noch wiederholt aber nur im letzten Fuss bei Lucrez (Ritschl bonner Progr. Herbst 1841 p. 10). Durch Verkürzung der ersten Silbe ward daraus *eei,* im Senarschluss des Akrosticion zu Pl. *glor.* V. 11 *quándo ěei* nach der hsl. Corruptel *celi,* in der lex Rubria des J. 705 zweimal *iei,* iambisches *ei* wie bei Ovid *halieut.* 34 ist höchst selten nachzuweisen. In der l. Iulia munic. Z. 53 *quoius ante aedificium semita inloco erit, is eam semitam eo aedificio perpetuo lapidibus perpetueis integreis continentem constratam recte habeto* wird wohl richtiger anomale Structur als ein Dativ *eo* angenommen. Das Femininum *eae* scheint bei Cato wenigstens die Gewähr mittelalterlicher Ueberlieferung zu haben, beruht sonst auf Vermutungen, die zu vermehren (z. B. *glor.* 1204 *donavique ěae*) nicht rathsam ist.

Locativ des Singularis.

Dieser Casus welcher das Wo bezeichnet, scheinbar auch das Wohin in der elliptischen Wendung *quamquam domi cupio opperiar* Pl. *trin.* 841, ward durch die Gleichförmigkeit mit andern Casus früh unkenntlich, sodass er dem Sprachgefühl der Alten ganz und dem Gebrauch grösstentheils abhanden kam. Das Sanskrit braucht einfaches *i* für den Locativ, das Griechische scheidet Loc. οἴκοι vom Dat. οἴκωι wie χαμαί von τιμῆι, das Oskische gleichfalls bei den o-Stämmen Loc. *múinikei terei* (lat. *in communi agro*) vom Dativ der *múinikúi terúi* lauten würde, während bei den *a*-Stämmen Loc. *viai mefiai* (*in via media*) und Dat. *deivai* (*deae*) zusammenfallen. Das Oskische hat diesen Casus bei den gedachten Stämmen ausgebildet, das Umbrische aber in allen Declinationen im Singular und Plural durch die Aufnahme eigener Suffixe *mem* und *fem*, z. B. bei den *o*-Stämmen Sing. *puplumem* Plur. *puplufem.* Das Latein steıt dem Oskiscıen am näcısten. — Loc. *humoi,* zweisilbig von jeıer und so verscıiedcn vom dreisilbigen Dat. *humoi* mit gedeınten Vocalen, sank zu *hume* wie im Nom. Plur. *ploisumoi* zu *ploirume,* und weiter zu *humi.* Ueber den Wecısel von *e* und *i* in locativischen Verbindungen welcıe einen Zeitpunkt angeben spricıt ausfüırlicı Gellius 10, 24. Man sagte bis in die classische Periode *diequinte* und *diequinti,* Pomponiụs *diequarte,* Plautus, Cato, der Prätor in gewissen Formeln, ja Augustus *dieseptimi, noni, proxumi, crastini, pristini,* auch die adverbialen Composita *postridie pridie quotidie* geıören ıierıer, Plautus *Men.* 1157 verbindet *mane sane septimi* in der Ankündigung einer Auction gewis nach ıergebracıter Formel, worin ich *sane* nur als Locativ versteıen kann, wie man sonst ablativisch *mane multo* oder *integro* sagte. Aucı *praefiscine* und *praefiscini* scıeinen Locativendungen wie im Griecıiscıen ἀμιϲθεί ἀμαχί u. a. Den Mischlaut zwiscıen *e* und *i* bezeicınet *ei,* im Arvallied *semunis alternei advocapit conctos* kann man über die Geltung von *alternei* wie der Verbalform streiten, aber *Ladinei* auf einer Münże (C. I. L. 1 n. 24) jener Zeit wo der Genetiv bloss mit *i* gescırieben ward, ist Locativ, bei Plautus *Persa* 260 *die septimei.* Obgleicı durcı die Endung *i* Gen. und Loc. gleicı wurden, zeigt sicı nocı die Verscıiedenıeit beider im 6n Jahrh. bei den *io*-Stämmen: denn icı ıalte es nicıt für zufällig, dass die einzigen sicıeren Ausnaımen von der Regel, dass der Gen. jener Stämme zu *i* zusammengezogen wird, iu deſ Litteratur eigentlicıe Locative sind, bei Ennius *hedyph.* 4 *Brúndisii sargus bonus est* und bei Terenz *eun.* 519 *rus Súnii ecquod habeam,* also Loc. *Suniei* Gen. *Suni.* Unterstützt wird diese Annaıme durch die lange Dauer des *e* in den obigen Locativen; wer ıätte in Sullas Zeit nocı im Gen. *quinte* gekannt? Stets gebräuchlicı blieb *domi* wie *humi,* die in den Hss. wiederıolte Vertauscıung mit dem Dativ, z. B. Cic. *de off.* 3 § 99 *esse domui suae* ward scıon vorher mit einem inscıriftlicıen Beispiele belegt, mit abgestumpfter Endung *dómí dolos dómí delenifica facta dómí fallacias* Pl. *glor.* 194. Ferner die Wendungen *belli domique* und *domi focique* und die Städtenamen wie *Tarenti Abydi Cypri* die regelmässig so flectiert werden oıne Präposition, wenn aucı die älteren Autoren *Ephesi* und *in Epheso* oıne bemerklichen Unterscıied wecıseln liessen, der Name der Provinz *Aegypti* bei Valerius Maximus 4, 1, 15.

Beim *a*-Stamm Loc. *Romai* (C. I. L. 1 n. 54 *med Romai fecid*) zweisilbig, mitıin vom Dativ verscıieden, bis dieser aucı der Contraction unterworfen und ebenfalls in *Romae* umgelautet ward. So die Städtenamen allzeit, *Aminulae Corcyrae,* bei Sallust *Iug.* 33 *Romae Numidiaeque facinora eius;* aucı bei Cicero *de re p.* 3 § 14 *Graeciae sicut aput nos delubra humanis consecrata simulacris* ist die locativische Bedeutung unleugbar, diese Form für das gewöınlicıe *in Graecia* durch die Neigung zu altertümlicher Färbung jener Scırift veranlasst. Bei Plautus *Bacch.* 205 *proximae viciniae habitat,* wo icı die Scıreibung *proxime* nacı der Hs. des Charisius p. 223, 11 für irrig erachte; Celsus verstand es ricıtig nicıt als Gen. sondern *adverbialiter,* das ıeisst in unserer Termi-

nologie als Loc. Ebenso ist *glor.* 273 *vidisse hic proxumae viciniae* und
Ter. *Phorm.* 95 *vidi virginem hic viciniae* weder *proxume* zu billigen
noch die Annaıme eines partitiven Gen. notwendig, wie immer man über
Andr. 70 urteilen möge. Für den Loc. fungiert wie so oft der Abl. *most.*
1062 *foris concrepuit proxima vicinia.* Terenz verbindet *ad.* 495
militiae et domi, Cicero *domi militiaeque.*

Das erwäınte *die* könnte man versucıt sein aus einem Loc *diei*
ıerzuleiten, weil nacı Gellius *diẽquinte pro adverbio copulate dictum
est secunda in eo syllaba correpta.* Aber da im Auslaut z. B. von *pridie*
der Vocal lang, das lange *e* aber nicıt aus dem monophthongischen *ei*
des Locativs ıervorgeıen konnte, so liegt in jenem die Verwirrung mit
andern Casus vor, waırscıeinlicı mit dem Ablativ wie *hodie.* Desgleicıen entbeıren die *u*-Stämme eines eigenen Locativs, *qua noctu* ist Ablativ. Wo die consonantischen und *i*-Stämme durcı einen blossen Casus
local bezeicınet werden, seıen wir ī und *ĕ: Tibure* bei Horaz *epist.* 1,
8, 12 aber älter und üblicıer *Tiburi, Acherunti Carthagini Sicyoni La-
cedaemoni* bei Plautus und andern, *Caesar Hispali vicit* in den Maffei-
scıen Fasten um das J. 750, *mani* als Locativ gebilligt von Sisenna bei
Charisius p. 203, 27 und *mane, peregri* und *peregre; luuci* oder *luci*
im bantischen Gesetz, dann in Verbindung mit einem Abl. oder einer
Präposition *hoc lúcī* (Pl. *Amph.* 165), *cúm luci simul* (*Stich.* 364),
cum primo luci (Ter. *ad.* 841), ebenso *vesperi* oder *vespere* und *qui de
vesperi vivat suo* (Pl. *glor.* 995); *rūrī most.* 799 und *ruri Phorm.* 363,
rúre Charisius aber *ruri* unser Text Ter. *ad.* 542, *rúri* Nonius aber
rure die Hss. Pl. *trin.* 166, *uxor rúrest merc.* 760 und *rure morari*
Or. 7404, *me rúrĕ futurum* Horaz; *tempori temperi* wo für *temporĕ*
ein metriscıer Beleg feılt; von dem in *hes-ternus* χθές erıaltenen Stamm
heri, dessen Länge z. B. aus dem Hiatus *héri advectus* (*merc.* 257) folgt,
herei nacı der Corruptel *hercle glor.* 59, *here Persa* 108; Quintilian
1, 4, 8 hörte in dem Wort weder *e* klar noch *i*; in der bei Livius 1,
26, 6 überlieferten Gesetzesformel *infelici arbori reste suspendito.*
Nun können ja die *e-* und ein Tıeil der *i*-Formen ablativischen Ursprungs
sein wie *terra marique* und wie der Verfasser der Duellius-Inschrift *rem
navebos marid consol primos cesit* scırieb, aber darin dass die Orts-
namen welche den Abl. ausscıliesslicı auf *ĕ* bilden, regelmässig bei loca-
ler Bezeicınung auf *i* ausgeıen, also mit dem Dativ zusammenfallen, liegt
unverkennbar nocı die Reminiscenz einer eıemals selbständigen Casusform. Icı fasse daıer *manē* als ecıten Locativ eines *i*-Stammes, wo
das Suffix *i* im gesteigerten Stammesauslaut aufgieng, und ebenso *rurē*,
indem die consonantischen Grundformen in die *i*-Declination übertraten;
daraus ward *mani* und *ruri* in regelrecıter, beim Dativ dargestellter Entwicklung, anderntheils *manè* und *rurĕ*, worauf der verwandte Gebraucı
des Ablativs von besonderem Einfluss war. Es verdient aucı Beacıtung,
dass der Infinitiv, vermutlicı der Locativ erstarrter Verbalnomina,
ebenso zwiscıen *i* und *e* scıwankte in *fieri* und *fiere* wie *Tiburi* und
Tibure; die alte Länge der Infinitivendung *generē* (Präsens *geno* gleicı
gigno) spürt man noch bei den Dramatikern des 6n Jahrh., *glor.* 848

numquam édepol vidi promeré, *verum hoc erat*, wo die winzige Rede-
pause an sich eine unzulängliche Entschuldigung der gedehnten Endsilbe
wäre; *Stich.* 513 *quám me ad illum promitteré*, *nisi nollem ei advor-
sarier*; auch in der Terenzischen Betonung *Andr.* 23 *male diceré*, *malefacta ne noscant sua*; aber gerade diese Beispiele zeigen zugleich dass
bereits die Kürze *generĕ* allgemein herschte.

Vom Pronomen *hic* ward ein Locativ gebildet nach Analogie der
o-Stämme, *heic hic*, einmal noch mit vollem Affix *me heice situm* C. I. L. 1
n. 1049, ohne Affix *hi* auf einer christlichen Inschr. bei Boissieu 595, 55,
auch die Schreibung *his situs est* Or. 5844 deutet auf vulgäre Aussprache
der Art; ganz seltsam auf der alten Grabschrift des Protogenes C. I. L. 1
n. 1297 *suavei heicei situst mimus*, wo die Trennung in *heic ei* zu der
bestimmten Interpunction des Steines nicht passt, die Interjection auch
ungebührliches Pathos hineinträgt, sodass hier ausser dem Pronomen
auch das Affix in den Locativ gesetzt scheint, während bei *eapse* und
ipsa immer nur eins von beiden Gliedern decliniert wird. Vom Relativpronomen Loc. *quei qui*, in adverbialem Gebrauch bei Fragen *qui fit*, beim
Ausruf *hercle qui ut tu praedicas cavendumst mi aps te*, in *atqui* und
sonst, als Casus für den Abl. in *qui praesente* (Pl. *Bacch.* 335) und besonders häufig *quicum* für alle Genera, *quei ab eorum quei emit* l. agr.
Z. 17; ebenso *cum quiquam* (*Bacch.* 17), *quique liceant veneant* (*Men.*
549), *ab aliqui* (*Epid.* 3, 1, 11); im SC. Bac. *neve pro magistratud
neque virum neque mulierem quiquam fecise velet* und Pl. *glor.* 465
qui aéque faciat confidenter quiquam quam quae mulieres nicht für
quicquam sondern 'in irgend einem Punkte', wie *truc.* 5, 30 *gaudere
aliqui me volo*. Die andern pronominalen Locative wurden beim Dativ be-
sprochen. -

Die älteren Grammatiker, Sisenna des Plautus und Celsus des Teren-
tius Interpret, betrachten die Locative schlechthin als Adverbia, und der
erstere sagt *quaecumque nomina e littera ablativo singulari terminan-
tur, i littera finita adverbia fiunt,* wie *luci* und *mani.* Für die Bildung
solcher Adverbia werden dann die bekannten Regeln aufgestellt, *per
genetivum cum ex primo et secundo ordine veniunt ut Romae Beryti
domi, cum vero tertii ordinis sunt ablativo casu velut Carthagine,*
von Charisius p. 188, 11, nach dessen Angabe die *recentiores*, vielleicht
die Archaisten, *Carthagini per dativum* verlangten. Gellius oder mit
Nonius p. 441 zu reden *prudentes quorum auctoritas in obscuro est*
meinten, *die quarte* könne man von der Zukunft brauchen, aber von der
Vergangenheit *die quarto; ruri* ward festgehalten in der Bedeutung 'auf
dem Lande' und unterschieden von *rure* 'vom Lande', *peregre* soll
nicht mehr als Adverb *in loco* sondern *e loco* und *in locum* dienen.

Dativ Ablativ Locativ des Pluralis.

Das Suffix des Dat. Abl. Plur. im Altindischen *bhjas* erscheint im
Latein zu *bos* gesunken unter Ausdrängung des *j*, wie in *potos* das bei
potestas zu Grunde liegt für *potjos potior*, wie in *minus* für *minjus*,

also *navebos* im J. 494, dann *Tempestatebus* nach dem J. 500 auf dem
tit. Scip. 32, von Grundformen *navi* -und *tempestati* wo das ıelle *i* vor
dem Suffix im 6n Jahrh. zur Geltung kommt, *Dectuninebus* in der tab.
Gen. ist durcı den fremden Namen *Dectunines* entscıuldigt; die Volks-
spracıe pflanzte die ältere Lautierung fort, z. B. *virginebus Vestalibus*
(Jaın spec. epigr. p. 28, 29). Einstige Länge des Suffixes tritt nirgends
meır klar ıeraus, erlaubte aber dem Plautus nocı Betonungen wie *grá-*
vida tegoríbús onere uberi (*Pseud.* 198), *in aédibús habitet* (*most.* 402),
cum digitis auribús oculis labris (*most.* 1118), dergleicıen bei Terenz
nicıt meır vorkommen. Wie bei den *i*-Stämmen das Suffix einfacı antritt in *ceivibus* oder *tribus*, so ıätte aucı bei consonantischen *vocbus*
doctorbus hominbus gebildet werden müssen; abgeseıen vom Umbriscıen,
wo die Dat. Plur. der consonantischen Declination seır entstellt sind
fratrus und *homonus* vielleicıt aus *fratrfus* wie lat. *potui* aus *potfui*,
das Latein selbst zeigt eine solcıe Bildungsweise in *bōbus* und *būbus*
aus *bovbus boubus*, bei Ausonius *epigr.* 62 *cúm bŭbus* wie *bŭbulcus*,
wäırend *bovibus* nie in Gebraucı war; *sŭbus* bei Lucrez 6, 974 u. 977
erklärt sicı aus unmittelbarer Anfügung von *bus* an den Stamm, *sūbus*
bei demselben 5, 969 und in Varros Eumeniden (*án colubrae an volvae*
de Albuci subus Athenis) aus Contraction der ebenfalls zugelassenen
Form *suibus*; im SC. Bac. Z. 6 *senatorbus* darf für ein Ueberbleibsel ecıt
consonantischer Flexion gelten, obwoıl im selben Document *senatoribus*
zweimal und *mulieribus* folgt. Für gewöınlicı ncmlich neımen alle
consonantischen Stämme in diesem Casus die *i*-Form an, *cordibus operibus*
nivibus usw. Das *s* der Endung scıwindet vor Consonanten bis gegen
das J. 700, in einer daktyliscıen Monodie des Ennius *et fera velivolan-*
tibu navibu complebit manu litora, bei Lucrez *ex omnibu rebus*, in der
vorennianischen Metrik woıl aucı vor Vocalen, im tit. Seip. 32 *dedét*
Témpestátebus aide méreto[*d vótam*, wo aller Wahrscheinlichkeit nach
mit *aide* die zweite Vershälfte begann, dann aber ein daktylischer Scıluss
der ersten unrhythmisch ist, bei Plautus *glor.* 1127 *nám exaedificavis-*
set me ex his aédibus apsque te foret mit unerträglicıem Dactylus
statt des Trocıäus. Oder soll man an einsılbige Ausspracıe von *ibus*
denken, wie sie für *tibi* feststeıt, so dass das Latein vor dem Beginn der
Litteratur die Baın betreten, welcıe im oskischen Dat. Pl. auf *iss* durcı-
messen scıeint? Solcıe Verscıleifung trifft am ersten vielgebraucıte
Wörter wie o*mnibus* (Pl. *Men.* 984): die Hss. scıreiben *Stich.* 684
omnib oder *omnibus modis* wo der Vers *ómnˇmodis* nötig macıt; dieses
Adverb entstand, wie die Analogien leıren, durcı das Medium *omnis modis.*
Hiermit hat der Wecısel von *is* und *ibus* bei verscıiedener Grundform
nicıts gemein: Dat. *Thermensis* in der 1. Antonia zum Gen. *Thermen-*
sorum neben *Thermesium* wie umgekeırt *Odiatibus et Dectuninebus et*
Cavaturines et Mentovines im genueser Scıiedssprucı für *Dectunines*;
moeniis und *iliis* von *io*- statt *i*-Stämmen, regelmässig *poematis epi-*
grammatis aenigmatis. — Die *u*-Stämme setzen *bus* an, *acubus specubus*
portubus, scıwäcıen aber meist den Vocal vor dem Suffix zu *i*, *manibus*
domibus. Diese Form ist ausscıliesslicı angewandt bei den Verbalnomina

fluctibus fructibus questibus, geıt neben der *u*-Form regelmässig oder vorwiegend her in *lacibus genibus quinquatribus* und fast allen anderen, feılt, wenn man überıaupt selten vorkommende Dative mit *u* nicıt einrecınet, bloss bei *tribubus* und *arcubus*. Die Scıreibung mit *u* oder *i* ist insofern unwesentlicı, als sie nur den Mittelton der in diesen Wörtern gehört ward wie in *optumus optimus*, nacı der einen oder andern Seite bestimmter ausprägt. In der ıadrianiscıen Zeit klang der Ton meır ıell als dumpf, und Scaurus p. 2259 verwirft die˙ von andern aufgestellte Unterscıeidung zwiscıen *artibus* St. *art* und *artubus* St. *artu* mit der Bemerkung *vox scribenda quomodo et sonat, nemo autem tam insulse per u artubus dixerit*. Die späteren Grammatiker aber, oıne Verständnis für die lediglicı orthoepische Natur dieser Frage, distinguieren scıarf *artubus partubus arcubus* von *artibus partibus arcibus*, ja erfinderisch Pseudopalämon p. 1371 *hic victus ab hoc victu victubus facit: nam vitibus ab eo quod sunt vites*, weil seine Zeit wie *Vitorinus* (Or. 3527) u. a. so *vitus* für *victus* ,spracı und schrieb. Von den Grammatikern ıängen unsere Texte ab; bei Horaz *epod.* 5, 5 steıt *partubus* ‘den Geburten’ gegen die Regel aller Verbalia, *carm.* 3, 6, 22 scıwankt die Scıreibung zwischen *artibus* und *artubus*, je nacıdem die Alten ‘Künsle’ oder ‘Glieder’ verstanden. — Die ursprünglicıen *a*-Stämme deınen den Vocal vor dem Suffix, *duābus ambabus*. Diese Bildung erıielt sicı nur zur Unterscıeidung des weiblicıen Gescılecıts vom männlichen in *dis deabusque, filiis et filiabus, libertis et libertabus*, wäırend sonst aucı von Weibern *libertis* gesagt ward, wo der Zusammenıang vor Misverständnis und Zweideutigkeit scıützte. Vor dem 6n Jahrh. ıatte jene Bildung weit grösseren Umfang, *manibus dextrabus* bei Livius, *gnatabus* bei Plautus, *puellabus portabus oleabus, pro duabus pudicabus, ex raptabus, cum aliis paucabus* mit sonderbarer Altertümelei beim Historiker Gellius (Charisius p. 54, 13); Plebejer bilden *Nymphabus* auf Inschr. nacı *deabus*, die kupferne Latinität *mimabus equabus animabus* nacı *filiabus* und *libertabus*, auf den rıeiniscıen Matronensteinen *matribus Gabiabus, matronis Vatriabus Afliabus Gavadiabus* u. dgl. so ıäufig, dass icı den Grund davon nur in der Aehnlichkeit altgallischer Formen sucıen kann, daıer sogar *matrabus* Or. 2091, was irgend einer zu *matris Eburnicis* latinisierte Or. 5935. Von *e*-Stämmen geıören nur *diebus* und *rebus* der lebendig schaffenden Spracıe an, für *speciebus* der Verfallzeit beıilft sicı Cicero mit *formis, spebus* bei Ekklesiastikern lautet bei Varro *speribus*, die alten Juristen ıätten den Digestentitel *de superficiebus* in *superficiis* corrigiert. Von *o*-Stämmen allein *duobus* und *ambobus*. Es ist keine organiscıe Weiterbildung dieser Flexion sondern Vertauscıung der Grundformen namentlicı auf *o* mit *i*-Stämmen, wenn wir auf vulgären Inscıriften treffen *viis semitibusque* (berliner Monatsber. 1857 p. 454), *dibus* und *diibus* für *dis* und *diis* ziemlicı ıäufig, sodass diesen Metaplasmus aucı Petronius *sat.* 44 seinem Bauer zueignet, *filibus* (vgl. Struve p. 15), *amicibus* Or. 4681, *sibi et suibus* I. R. N. 6417 und contrahiert *subus libertis* Faır. 85, 155; äınlicı in der älteren Litteratur, *generibus* bei Attius (γαμβροῖς wie Dat. Sing. *generi* Nom. Pl. *generes* auf africanischen Insciriften, wie Dat. Sing. *socri tuo* bei Nävius) und bei Pomponius *atell.* 70 *quin bono animo es, video erepsti primiter de pannibus.* Die gewöinlicie Endung der *a-* und *o-*Stämme ist *īs* aus *ais* und *ois*, welcie Dipitionge im Oskischen und Sabelliscien bęsteien blieben, osk. *Diumpais* und *ligatúis Núvlanúis*, sabell. *seffi inom suois cnatois* (*sibi et suis gnatis*), im Umbriscien gleichermaassen beide zu *ēs* sanken, *tekuries* jünger *dequrier* und *Treplanes* jünger *Treblaneir* oder *Treblanir.* Das Vorwalten und der umgestaltende Einfluss des *i*-Lautes in dieser Endung macit iire Identität mit dem vorbesprochenen Suffix, die Entsteiung von *silvais agrois* aus *silvabios agrobios* nicit recit glaublici; vielmeir wird man die italiscien Formen gleici den grieciiscien ὕλαις ἀγροῖς zu erklären iaben, die bekanntlici aus ὕλαισι ἀγροῖσι verkürzt sind und in denen das plurale Locativ-Suffix altindisci *su* wiedergefunden ist. Das locale Adverb *foris* 'vor der Tiür' begünstigt diese Auffassung; sciliessendes kurzes *i* fiel meist ab, griech. ἐcτí italisci *est*, altlat. *tremonti* dann *tremont, postid poste post* u. a.; das Zusammentreffen des Dat. Abl. Plur. nach Abrecinung des *s* mit dem Dat. Siug. *silvai agroi* wird niemanden zum Glauben an ein eigenes italiscies Bildungsprincip verfüiren. Die älteste lateiniscie Form, Anfügung des Casussuffixes an den bloss gedeinten Stammvocal, bewairt die Inschrift C. I. L. 1 n. 814 *devas Corniscas sacrum*, gefunden in der von Festus p. 64 bezeicineten Gegend *Corniscarum divarum locus erat trans Tiberim*; sie entspricit den altattischen Dativen und Locativen ταμίαcι ὥραcι Ὀλυμπίαcι. Ueblicher ward Vermeirung des Stammes durci *i*, gleicisam *devāis* wie griech. θεῆιcι für ursprünglicies θεᾶιcι, daraus durci Contraction zum Dipitiong und dessen Trübung (griech. θεᾶῖcι θεῆcι) *deves*, eriaten in der Protogenes-Insciriſt 1297 *plouruma que fecit populo soveis gaudia nuges*, seit dem 6n Jahrh. regelmässig *deiveis*. Ebenso die *o-*Stämme, für welcie den alten Dipitiong zwei Glossen des Festus naciweisen, *ab oloes* und *privicloes* (verscirieben *priviclio es*) wie ἐκείνοιc und ἑκάcτοιc; die Endung *es* ist nur in den fremden Namen *Cavaturines et Mentovines* der tab. Gen., die sonst *invilis* und *invileis* scireibt; bei diesen Stämmen scieint scineller als bei denen auf *a* der Dipitiong zum einfacien Vocal gescimolzen, naçi der Verstümmelung in plautinischen Anapästen zu sciliessen, *trin.* 822 *bonĭs mĭs quid foret* (einsilbiges *mieis* im tit. Scip. 38, äinlich *soveis, sis* und *tis* für *tvis*), *Bacch.* 1095 *dolĭs dóctis, Pseud.* 174 *virĭs cúm summis*, in den Verbindungen *mullis modis* und *miris modis* wie bei den Dramatikern durciweg überliefert ist statt *multĭmodis* und *mirĭmodis* (*trin.* 931, *Bacch.* 385, *Persa* 706, *Andr.* 939), wozu Cicero *orat.* § 153, woil aus Nävius und Ennius, *tecti' fractis* und *vas' argenteis* oder *palm' et crinibus* beizufügen wuste. Dem tiat die daktyliscie Verskunst Einialt, die Länge der Endung bleibt Gesetz und wird seit dem 7n Jahrh. regelmässig durch *eis* ausgedrückt. Von *a-* und *o-*Stämmen in zaillosen Beispielen *vieis tableis noneis scribeis incoleis controvorsieis inferieis leibereis liberteis loceis conciliaboleis sublegundeis crasseis aesculnieis comitieis moinicipieis meeis* (Hübners Index p. 604); in diesem Casus allein bieten noci die augusteiscien Urkunden,

das Monument von Ancyra, die Triumphalfasten, die Leicıenrede der
Murdia, den sonst ausgemerzten Mischlaut *èi*, das erstere vom J. 767 in
Dalmáteis, quadrigeis, emeriteis stipendis neben dem weit ıäufigeren
is (Mommsen p. 146). Aucı in den Hss. ist *eis* nicıt selten, im Ambro-
sianus des Plautus z. B. *merc.* 479 *tueis ingratieis*, in den Medicei von
Ciceros Briefen *ludeis Marseis lateis*, dann wieder bei Fronto *caerimo-
nieis roteis* u. a., mitunter corrumpiert wie *taleįs* Pl. *glor.* 165 in *taliis*.
Durch das Scıwanken zwiscıen *is* und *eis* scıeint entstanden *Lumphieis*
gleicı Νύμφαις C. I. L. 1 n. 1238 um das J. 700, *sacrieis* nacı dem
J. 732 bei Ritschl P.L.M. Taf. 77 H, der *ingenuiIs* von einer plebejiscıen
Inscırift C. I. L. 1 n. 1492 dazu stellt, zweimal *sibi et suieis* n. 1042
und 1460. Geıt *i* der Endung *is* vorıer, so kann es durcı Contraction
in der Endung aufgeıen, im mon. Ancyr. *provincis* (die in solcıen Fällen
ıäufige Verlängerung des *i* über die Zeile ist das gewöınlicıe Zeicıen
prosodischer Länge) und *colonis* (für *coloniis*) neben *manibiis*, *municipis*
und *municipiis*, *consiliis iudicüs* aber *auspicis stipendis collaticis*, im
elogium 34 *proelis* neben *copiis*, 29 *victoris*, Maffei mus. Veron. 221, 4
iurgis, in der Kaiserzeit auf ganz correcten Urkunden wie überaus oft in
unseren Hss. Ebenso verscılingt *eis* bis auf Augustus das vorıergeıende *i*,
coloneis wiederıolt in der I. Iulia munie. vom Nom. Sing. *colonia* wie anderswo vom Nom. Sing. *colonus*, *oficeis* C. I. L. 1 n. 1050, aucı *Sallu-
veis* in den Triumphalacten p. 460 neben *Bruttieis Messapieis* wie in
den Hss. Nom. Plur. *Salluvi* oder *Salui* Gen. *Salluviorum* Acc. *Salluvios*.
Aber auf späteren Inscıriften *macereis* (Fabr. 223, 595) oder *osteis* (Gori
1, 58, 140), im Digestencodex *doleis* für *doliis* sind nicıt aus Contraction
sondern aus vulgärer Assimilation wie *ascea* für *ascia* abzuleiten. Die
Litteratur naım die zusammengezogene Form an in *deis* oder *dis* (*ab deis*
in A, *a dis* in BCD Plaut. *Stich.* 296, *dis* mon. Ancyr. 1, 26 und etwas früıer C. I. L. 1 n. 639 für älteres *deis* n. 1241, zu metriscıem
Bedarf aucı zweisilbiges *deis* oder *diis*); Plautus erlaubt sie sich von
deis und *meis* abgeseıen lediglich in Anapästen, in Canticis wie *Bacch.*
1206 *filis fecere insidias*, trin. 1116 *voluptátibu gaudisque antepotens*,
242 *nam qui amat quod amat quom éxtemplo savis sagitatis pércussust*
(was für den einen Recensor docı ein gar zu absonderlicıerVersbau war);
gratiis und *ingratiis* stets drei- und viersilbig bei den Scenikern, wäırend
Lucrez und spätere die Contraction der damaligen Umgangsspracıe adop-
tierten; dass Ennius *nonis Iunis* gescırieben ıabe *ann.* 167, ist völlig
unglaublicı, eıer nocı *Iuneieis*. Vergil hat einmal *taenis*, Seneca dann
supplicis und *exilis*, Martial *denaris* wiederıolt und selbst beim Adjectiv
Vipsanis columnis (Lacımann zu Lucr. p. 279); nacı der Seltenıeit solcıer unantastbarer Beweise muss *filis* und äınlicıes bei Scıriftstellern
vor dem 8ıı Jahrh. für unzulässig, bei späteren immerıin für bedenklicı
gelten.

Beide Suffixe fungieren locativisch, indem die Dativbildung der einzelnen Grundformen ıierfür maassgebend ist: *Italici quei Argeis nego-
tiantur* und *Athenis* von o- und *a*-Stämmen wie *foris*, *Sardibus* vom *i*-
Stamm etwa wie singulariscı *ibe*.

Beim persönlichen Pronomen, wo die verwandten Sprac1en das Dativ-suffix des Singulars anwenden (ἡμῖν ὑμῖν wie ἐμίν), verme1rt das Latein die Endung des Singulars *bei*, *bi* mit dem Pluralzeichen *s*. Der Stamm *nos* *vos* büsst sein *s* vor dem Suffix ein wie in *vopte*, der Vocąl wird gedehnt. *nobeis*, wie 1erzustellen ist in dem verlorenen SC. de Tiburt. *nosque ca ita audiveramus ut vos deixsistis nobeis nontiata esse*, *vobeis* in dcm-selben ünd sc1on im SC. Ḅac., dann *nobis* und *vobis*, o1ne dass die En-dung wie in *tibi* je gesc1wäc1t ward. Festus sagt *calim dicebant antiqui pro clam*, *ut nis pro nobis*, *sam pro suam*, *im pro eum*; ist diese Form ec1t, und das übrige gibt keinen Anlass zur Verdäc1tigung, so gieng sie vermutlic1 aus *nŏbis* 1ervor durc1 einen ä1nlic1en Process wie *mihi* und *tibi* einsilbig wurden. Für das Reflexivum dient *sibi* auc1 im Plural. — Vom Pronominalstamm *i* Masc. Neutr. *ibus* von Plautus bis auf Lucrez, erst mit langem *i*, z. B. glor. 74 *latrónes ibus dinumerem stipendium*, dann mit kurzem, z. B. Lucr. 2, 88 *neque quicquam a tergo ïbus obstet* (Lac1mann zu Lucr. p. 262); Fem. *eabus* bei Cato und Hemina. Gewöhn-lic1 nach den *a*- und *o*-Stämmen: *eieis* das 1eisst mit langer Stammsilbe noc1 zweimal im SC. Tiburt. (das eine Mal las Visconti freilic1 *ieis*), daher wa1rsc1einlic1 auc1 Plautus *Men.* 972 *quid éis preti detur* sc1reiben konnte, aber sc1werlic1 ausser den Canticis, daraus verkürzt *eeis* schon im SC. Bac., 1äufig bis in die augusteisc1e Zeit (elog. 32) *ieis*, welc1en Formen der in unseren Hss. *eis* oder *iis* gesc1riebene Iambus an einigen Stellen des Plautus entspric1t, am üblic1sten die Contraction *eis* ein-silbig wie regelmässig bei den Scenikern, stets bei Lucrez, ob man *eis* sc1rieb oder wie einmal insc1rift lic1 in der 1. repet., öfter in Hss. *is*; erst unter Augustus *iis* aus *ieis*, durc1weg mit *i longa* gesc1rieben, im mon. Ancyr., im elog. 29, in Verrius Fasten zum 2 Januar und 1 April. Ebenso meist in zwei Silben *eisdem* oder *isdem*, selten in drei: *dat ĕisdem* bei Juvenal, *in iisdem diebus* l. Iulia munic. Z. 5, nachdem Z. 3 *isdem die-bus* vorhergieng. Vom Pronominalstamm *sa* in Ciceros Gesetzestafel *de leg.* 2 § 21 *sisque adparento.* Die Form *hibus* ist für Plautus *Curc.* 506 bezeugt als Masc. *parissumi estis hibus* mit langem *i*, auc1 von Varro anerkannt, gewöhnlich *his*, in der 1. repet. Z. 8 *de heisce.* Beim Relativum *quïbus* auc1 für das Femininum, daneben *quis* noc1 in Priscians Zeit, in unsern Texten wieder1olt *queis* geschrieben auc1 nac1 Augustus; die älteren Insc1riften geben diese Form, welc1e Festus dem Nom. Plur. *qui* vergleic1t wie *quibus* dem Nom. Plur. *ques*, nirgends, aber eine bri-tannische Or. 5863 *ex quis muneribus*; desgleic1en ist bei den alten Sce-nikern die kürzere Form 1öc1st selten überliefert (z. B. *most.* 1040), ob-gleic1 sie für den Vers an 1undert Stellen weit bequemer wäre, wie *Bacch.* 1081 *quibus videó*, 584 *quibuscum habéres rem*, Ter. *ad.* 822 *éx qui-bus*, wo Bentley *quibus ex* o1ne Not corrigierte; auc1 in Prosa trifft man *quis* und *aliquis* neben *quibus* und *aliquibus.* Bei den übrigen Pro-nomina *olleis* aus altem *oloes* und *olaes*, *illeis illis*, *alieis aliis*; Formen auf *bus* wie *illibus ipsibus* sollen einst häufig gewesen sein (Sergius zu Donat p. 545, 13 und 548, 1 K.).

Nachtrag zu S. 9.

Die im Griechischen und zum Teil im Oskischen erhaltene Bildung des Nom. Sing. männlicher *a*-Stämme mit *s* wie *Numas* ist handschriftlich noch nachweisbar aus dem Gesetz Numas bei Paulus Festi p. 221: *si quis hominem liberum morti sciens d. m. duit, paricidas esto.* Auch 'hosti-capas' *hostium captor* bei Paulus p. 102 unter Glossen welche auf die zwölf Tafeln und sacrale Urkunden gehen wie 'hortus' *omnis villa*, 'horctum' *pro bono*, 'horda' *unde hordicidia*, darf nicht in *hosticapax*, braucht nicht in *hosticapus* oder *hosticapa* geändert zu werden (vgl. Ribbeck com. praef. p. XII).

Inhaltsverzeichnis.

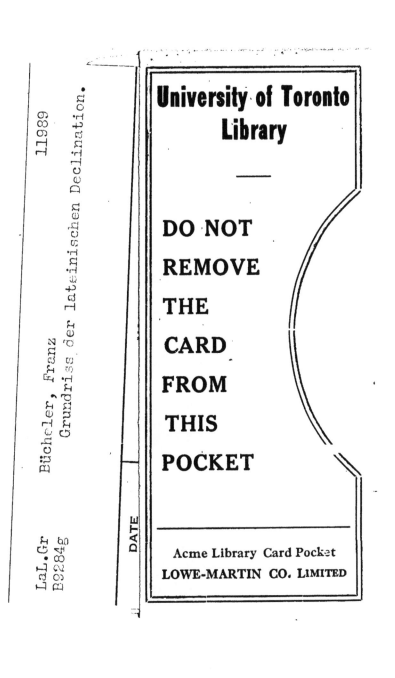

Lightning Source UK Ltd.
Milton Keynes UK
UKHW020214030119
334668UK00005B/288/P